Elly Hoekstra / Doke van der Neer · ISMAKOGIE

An Leib und Seele genesen

Dr. Ian Banks, prakt. Arzt: **Alles, was Männer über ihre Gesundheit wissen sollten.** 9. Auflage! Männer sind Ignoranten, was ihre Gesundheit angeht. Aber dieses Buch lesen Männer! Direkt, klar, deutsch und deutlich. 9. Auflage! ISBN 978-3-0350-3011-2

Emile Coué, »Erfinder« der: **Autosuggestion.** Die Kraft der Selbstbeeinflussung durch positives Denken. Neuausgabe des Klassikers! 6., verbesserte Auflage 2010! ISBN 978-3-0350-1507-2

Gabriele Feyerer: **PADMA 28.** Die Essenz tibetisch-fernöstlicher Medizin. Neue Erkenntnisse zur bewährten Formel der Gesundheit. Ein wahrer Jungbrunnen. Neu! ISBN 978-3-0350-3048-8

Rosemarie Meier-Dell'Olivo: **Schreiben wollte ich schon immer.** Gekonnt Tagebuch führen: schärft die Sinne, befreit die Seele. Eine Anleitung. 2. Auflage. ISBN 978-3-0350-0048-1

Norman Vincent Peale: **Die Kraft positiven Denkens.** Der Weltbestseller! Ein »Klassiker«. So frisch und neu wie am Tag seines erstmaligen Erscheinens. Das Buch des Vertrauens, der Ratgeber gegen die Angst. ISBN 978-3-0350-0050-4

Helen Purperhart, Yoga-Lehrerin: **Familien-Yoga.** Spiel, Spaß und Bewegung für Kinder und Eltern. Neu im Frühjahr 2010. Großformat. Mit 65 Farbbildern! ISBN 978-3-0350-3047-1

Dr. phil. Saskia Schottelius: **Sagen Sie doch, was Sie wollen!** Überlegen kommunizieren. Neu! Eines der besten Bücher zum Thema. ISBN 978-3-0350-0056-6

Shirley Trickett, Krankenschwester: **Endlich wieder angstfrei leben.** Selbsthilferatgeber gegen Angst, Depressionen und Panikattacken. 11. Auflage! ISBN 978-3-0350-0020-7

Vielseitig befreiend – Ratgeber von Oesch.
Aktuelle Programm-Informationen stets unter: www. oeschverlag.ch
Bücher von Oesch in Ihrer Buchhandlung, Versandbuchhandlung oder direkt vom Verlag gegen Rechnung. Lieferung/Faktur ab D: Stuttgart-Kornwestheim, A: Wien, CH: Affoltern ZH

Oesch Verlag
Jungholzstraße 28
8050 Zürich

order@oeschverlag.ch
Tel. +41 (0) 44 305 70 60

Elly Hoekstra / Doke van der Neer

ISMAKOGIE

Anmut, Schönheit, Vitalität, Entspannung –
die spielerisch-sanfte Bewegungslehre
für den Alltag nach der Methode
von Professor Anne Seidel, Wien

Aus dem Niederländischen von
Dr. Ute Hempen

Oesch Verlag

Die niederländische Originalausgabe erschien 2001
unter dem Titel *Vitaal en mooi met Ismakogie*
bei Panta Rhei, Katwijk

2., verbesserte und ergänzte Auflage

Satz: Oesch Verlag
Umschlagfoto: PRISMA, Zürich
Druck und Bindung: CPI – Ebner & Spiegel, Ulm
Printed in Germany

ISBN 978-3-0350-0029-0

Oesch Verlag, Jungholzstraße 28, 8050 Zürich
E-Mail: info@oeschverlag.ch
Fax +41 (044) 305 70 66 (CH: 044 305 70 66)

Unser Buchprogramm finden Sie im Internet unter:
www.oeschverlag.ch

»Das Integrieren der Übungen in das tägliche Leben macht Ismakogie unabhängig von Zeit, Ort und Alter.«

PROF. ANNE SEIDEL

Inhalt

Einleitung 9

1 **Was ist Ismakogie?** 13

2 **Alltägliche Bewegungen** 19
Die Füße 20
Das Sitzen 24
Das Stehen 30
Das Aufstehen und Hinsetzen 34
Das Gehen 37
Das Liegen 41

3 **Die Atmung** 45

4 **Bewegung und Koordination** 51

5 **Die Übungen** 55
Die Füße 59
Die Fußgewölbe 61
Die Zehen 64
Die Fußgelenke 65
Die Knie 67
Die Oberschenkel 69
Das Hüftgelenk 72
Der Beckenboden 75
Der Bauch 78
Das Gesäß 82
Die Brüste 84

Die Wirbelsäule 87
Die Schultern 91
Die Arme 94
Die Handgelenke 97
Die Hände und Finger 98
Der Hals 100
Das Gesicht 103
Der Mundboden 106
Der Mund 108
Die Wangen 111
Die Augen 113
Die Stirn 115
Die Ohren 116
Der Kopf 118

6 Schlusswort 119

Anhang

Erfahrungen von Kursteilnehmerinnen 120
Die Biografie von Anne Seidel 122
Literatur 123
Nützliche Adressen 124
Über die Autorinnen 127

Einleitung

Nachdem ich einige Jahre lang im Ausland gewohnt hatte, verschlug es mich nach Doetinchem.
Da ich dringend Bewegung brauchte, machte ich Konditionstraining, was jede Woche zu viel Muskelkater und zu wenig Kondition führte. Darauf berichtete eine Bekannte, dass sie Ismakogie-Stunden bei Henny Heuff besuche, sich seither besser bewegen könne und seltener unter Rückenschmerzen leide. Das wollte ich auch ausprobieren, und schon bald wurde mir klar, dass dies das war, wonach ich immer gesucht hatte: meine Muskeln und Gelenke zu trainieren und mir einer guten Haltung bewusst zu werden, ohne mich zu überanstrengen. Und das Wichtigste: Ich konnte mich richtig bewegen, ohne Muskelkater in Kauf nehmen zu müssen.
Ich lernte, richtig zu sitzen und zu stehen, und entdeckte, dass mir die Ismakogie-Übungen Energie gaben, statt mich zu erschöpfen. Ich lernte, die Zusammenhänge in meinem Körper und die Wirkung der Fußübungen auf die Beckenbodenmuskeln und die Wirbelsäule und umgekehrt zu spüren.
1985 lernte ich Professor Anne Seidel aus Wien kennen, die die Ismakogie entwickelt hatte. Sie war zu dem Zeitpunkt 85 Jahre alt und einige Wochen in den Niederlanden, um Kurse zu geben. Eine kleine, schmächtige Frau, die sehr viel Anmut und Lebenslust ausstrahlte und mich dadurch sehr beeindruckte. So wollte ich auch gern alt werden.

Im gleichen Jahr begann ich die Kursleiterausbildung, denn ich wollte andere Menschen erfahren lassen, was ich selbst gelernt hatte. 1987 absolvierte ich die Prüfung und unterrichte seitdem mit großer Freude Gruppen und bilde auch Übungsleiter aus.
Es ist für mich eine Herausforderung, andere für die ungeahnten Möglichkeiten der Ismakogie zu begeistern – und daneben ist es eine enorme Investition in mich selbst.

Doke van der Neer

Anfang dreißig war ich und hatte Rückenprobleme, und zwar trotz der Tatsache, dass ich mich viel bewegte. Ich habe Gymnastik, Jazztanz, Fitness und Yoga gemacht, bin geritten, gejoggt und Ski gelaufen.
Eine Bekannte erzählte mir von Ismakogie. Sie sagte, man lerne dort, sich gut zu bewegen. Was sie sagte, klang interessant, aber zum nächsten Kurs hätte ich eine Stunde Fahrt auf mich nehmen müssen. Das war mir zu viel.
Als sich aber meine Rückenprobleme verschlimmerten, beschloss ich, doch einen Ismakogie-Kurs zu besuchen.
Ich weiß noch, wie überrascht ich war. Die Kursleiterin begann mit den Übungen bei den Füßen und erklärte, wie wichtig diese seien. War ich dafür den weiten Weg gekommen? Ich wollte doch meine Rückenschmerzen loswerden! Ich begriff nicht, wie das, was sie sagte, funktionieren sollte: dass man mit seinen Füßen Gesichtsübungen machen könne und umgekehrt, dass man seinen Körper bis ins

hohe Alter in Form halten könne, ohne jeden Tag vorgeschriebene Übungen zu machen. Die Übungen könne man in den Alltag integrieren, wenn man irgendwo wartete, im Zug saß oder bei einer Versammlung war ...
Allmählich begann ich meinen Körper zu spüren. Ich stellte fest, dass ich zusammensackte, wenn ich meine Füße nicht richtig aufsetzte, und dass das wiederum mit meinen Schultern und der Haltung meines Nackens zusammenhing.
Ich lernte zu spüren, warum ich Rückenprobleme hatte, warum ich immer fror. Ich lernte wieder zu sitzen, zu stehen und zu gehen.
Meine Rückenbeschwerden verschwanden und meine Figur veränderte sich.
Ich begriff, dass ich nicht »ausgeleiert« und »schlotternd« alt werden musste. Ein Facelifting war nicht nötig, Falten gehören zum Älterwerden, aber es ist möglich, den Körper und das Gesicht nicht erschlaffen zu lassen.
Ich achtete immer häufiger darauf, wie andere Menschen sich bewegten. Bald stand mein Entschluss fest: Ich wollte mehr wissen, und das ging am besten, indem ich selbst Kursleiterin wurde. Nachdem ich einige Jahre unterrichtet hatte, wurde ich Vorsitzende der Niederländischen Anne-Seidel-Ismakogie-Vereinigung und bildete darüber hinaus Kursleiter aus.

Elly Hoekstra

1 Was ist Ismakogie?

Ismakogie ist eine Bewegungslehre für eine bessere Haltung.

Um eine bessere Haltung zu erreichen, müssen Sie sich zunächst bewusst machen, wie Sie sich bewegen und in welcher Haltung Sie sitzen, stehen und gehen.

Dahinter steht das Ziel, dass Sie immer mehr erkennen, wie Ihr Körper funktioniert, und dass Sie lernen, den Unterschied zu spüren, ob Sie sich richtig oder falsch bewegen. Vor allem aber werden Sie lernen zu spüren, wie Sie Ihren Körper dadurch in Form halten, dass Sie auf Ihre Haltung achten.

Bei jeder Bewegung werden die dafür bestimmten Muskeln eingesetzt. Das Muskelspiel zwischen Bewegung und Gegenbewegung verläuft leicht und ohne übermäßige Anstrengung.

Für eine gute Zusammenarbeit zwischen dem passiven und dem aktiven Bewegungsapparat (dem Skelett und den Muskeln) benötigen Sie geschmeidige Gelenke und kräftige Muskeln.

Die Ismakogie hilft Ihnen zu verstehen, wie Ihr Körper funktioniert, und sich bewusst zu machen, wie Sie Ihren Körper im Alltag unterstützen können.

Mit Hilfe kleiner Übungen, die systematisch aufgebaut sind und bei denen der ganze Körper eingesetzt wird, lernen Sie, sich richtig zu bewegen, was auf Dauer zu einer besseren Haltung führt.

Mit Ismakogie erlernen Sie zunächst eine richtige

Grundhaltung. Sie lernen, den Unterschied zwischen aufrechtem Sitzen und »zusammengesunkenem Hängen« zu spüren, und erfahren, dass Sie sich bei Letzterem buchstäblich selbst im Weg sitzen.
Steife Gelenke und schwache Muskeln beeinträchtigen Sie bei Ihren alltäglichen Aktivitäten und führen auf Dauer zu unwiderruflichen Beschwerden. Die Auswirkungen können von Muskelschmerzen wegen falscher Bewegung bis zu Knochenentkalkung bei zu wenig Bewegung variieren. Eine verspannte Nacken- und Schultermuskulatur kann zum Beispiel die Folge einer falschen Kopfhaltung oder hochgezogener Schultern sein, ohne dass Sie den Zusammenhang bislang erkennen konnten.
Aufgrund der Anziehungskraft der Erde neigen wir dazu, zusammenzusinken, was sich auf den gesamten Körper ungünstig auswirkt. Ist der Rumpf zusammengesunken, werden Brust und Bauchraum eingedrückt. Dadurch ist Ihre Atmung beeinträchtigt, und Magen und Darm kommen in Bedrängnis. Kalte Füße beispielsweise können die Folge einer gestörten Blutzirkulation sein, wenn die Blutgefäße und Nerven abgeklemmt werden, weil Sie vielleicht beim Sitzen oft die Beine übereinander schlagen.

Bodenkontakt

Fast unbemerkt schleichen sich als schlechte Angewohnheiten eine falsche Haltung und falsch ausgeführte Bewegungen ins tägliche Leben ein. Zu Beginn der Übungen fällt das gerade Sitzen ohne Lehne manchmal nicht leicht. Aber Ihre Rückenmuskeln sind stark genug, um zusammen mit Ihrer

Bauchmuskulatur für ein dynamisches Gleichgewicht zu sorgen.
Hilfreich ist es, die Füße dabei fest auf dem Boden stehen zu lassen. In der Ismakogie nennen wir das den *Bodenkontakt,* dann bilden die Füße das Fundament des Körpers. Wenn Sie sachte mit den Füßen gegen den Boden federn, werden Sie feststellen, dass diese Bewegung beim Geradesitzen hilft. Sie unterstützt den Rücken dabei, der Anziehungskraft der Erde nicht nachzugeben.
Wenn Sie den Bodenkontakt verstärken, spüren Sie, wie sich die Muskulatur nach oben hin leicht anspannt. Wenn Sie Ihre Hände auf die Oberschenkel legen, fühlen Sie, dass sich die Beinmuskulatur anspannt. Aber auch das Entgegengesetzte ist möglich. Beim Strecken des Halses können Sie bemerken, dass Ihre Füße gegen den Boden federn. In der Ismakogie nennen wir das die Muskelkette von unten nach oben und von oben nach unten.
Ein guter Bodenkontakt wirkt sich auf den gesamten Körper günstig aus. Wenn Sie täglich üben, bewusst aufrecht zu sitzen, werden Sie bald ein neues Bewegungsmuster erlernen. Und zwar genau so lange, bis es für das Muskelgedächtnis (das motorische Computersystem) eine neue Gewohnheit ist. Schließlich werden Sie sich selbst korrigieren, wenn Sie merken, dass Sie wieder in sich zusammensinken.

Ziel und Resultat

Angestrebt wird ein harmonischer Wechsel zwischen Anspannung und Entspannung der Muskulatur. In der Ismakogie sprechen wir vom sanften

Strecken und Loslassen zwischen der Längsspannung und der Ruhespannung im Körper.
Auf diese Weise erleben Sie gleichzeitig Spannung und Ruhe. Die Übungen der Ismakogie vereinigen damit die scheinbaren Gegensätze von Aktivität und Passivität.
Die größte Wirkung erzielen Sie, wenn Sie das, was Sie durch die Ismakogie gelernt haben, im Alltag anwenden und in Ihre Aktivitäten integrieren. Sie üben also nicht mit viel Anstrengung morgens oder abends jeweils zehn Minuten lang und sitzen den Rest des Tages - wie üblich - zusammengesunken, sondern Sie trainieren ohne Zeitverlust den ganzen Tag, indem Sie sich richtig bewegen. Es ist eine Investition in sich selbst, wenn Sie sich, ohne es zu erzwingen, ökonomisch verantwortlich bewegen.
Als Ergebnis wird Ihr Körper bis ins hohe Alter harmonisch funktionieren, was auch Ihr Selbstwertgefühl stärkt. Ismakogie auszuüben ist eine Entdeckungsreise durch den Körper auf der Suche nach besseren Bewegungsabläufen, und daraus ergibt sich dann eine bessere Haltung. Der Weg dahin ist genauso wichtig wie das Resultat.

Erläuterung des Wortes Ismakogie

Die Ismakogie wurde von der Wiener Professorin Anne Seidel entwickelt. Der Begriff setzt sich aus den Anfangsbuchstaben von Wörtern einer Wendung zusammen, mit der sie die Essenz der Bewegungslehre zusammenfasste:
»*Physiologisch* **i***deale* **S***chwingungsrhythmik der be-*

einflussbaren **M***uskeln im* **A***lltagsleben nach erkennbaren* **k***örpereigenen* **O***rdnungsgesetzen.«*
Die optisch hervorgehobenen Anfangsbuchstaben bilden das Wort »Ismako«; *»-gie«* ist eine Abkürzung von »-logie«, dem Begriff für »Lehre«.
Mit dem idealen Bewegungsrhythmus ist die sanft schwingende Bewegung gemeint, die durch einen harmonischen Wechsel zwischen Strecken und Beugen entsteht, die ideale Art und Weise, das fein abgestimmte Gleichgewicht des Körpers zu stützen.
Von Ihnen beeinflussbar sind die Skelettmuskeln, die Sie willentlich steuern können. Durch regelmäßiges Üben können Sie übrigens einer Erschlaffung Ihrer Gesichtsmuskulatur Einhalt gebieten ...
»Im Alltagsleben« bedeutet: sich bei allem, was Sie tun, richtig zu bewegen. Wenn Sie das bewusst gelernt haben, wird es zu einer neuen Gewohnheit, die auch von Ihrem Muskelgedächtnis unterstützt wird.
Der letzte Teil des Satzes bedeutet, dass jeder menschliche Körper seine starken und schwachen Seiten hat und seine Einschränkungen kennt. Es wird Ihrem Körper nutzen, wenn Sie das berücksichtigen.

Das Symbol der Ismakogie

Die Essenz der Ismakogie ist auch in ihrem Symbol wiederzuerkennen. Es ist eine Darstellung dreier verschiedener Muskelspannungen und Körperhaltungen.
Muskeln haben immer eine gewisse Spannung, selbst wenn man schläft. Diese Muskelspannung heißt Muskeltonus.

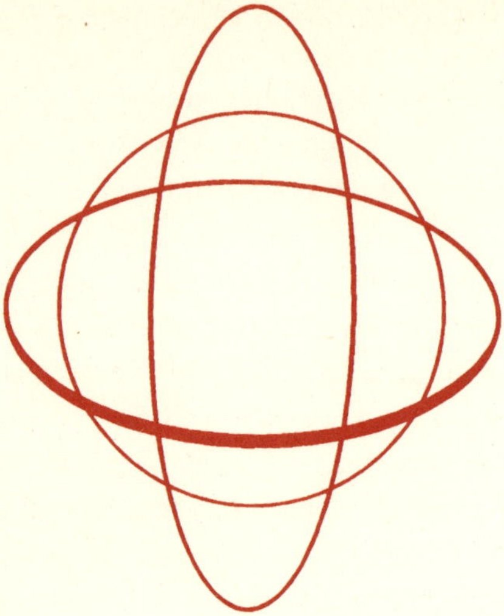

In der vertikalen Ellipse ist der Körper lang und gestreckt, das nennen wir Längsspannung.
In der horizontalen Ellipse ist der Körper breit und gebeugt, das nennen wir Querspannung. Der Kreis ist der Mittelwert zwischen Länge und Breite. Er steht für Ruhespannung.
Die Flächen der Ellipsen und des Kreises sind gleich groß. Aber es ist für die Körperhaltung ein großer Unterschied, ob er überdehnt oder zusammengesunken ist oder ob er sich – wie beim goldenen Mittelweg – im Ruhezustand des Kreises befindet.
Eine sanft schwingende Bewegung zwischen der Ruhespannung und der Längsspannung stellt in der Ismakogie die ideale »Schwingung« dar.

2 Alltägliche Bewegungen

In der Ismakogie benutzt man für jede Bewegung die Muskeln, die dafür bestimmt sind. So vergeuden Sie keine Energie, weil Sie Ihren Körper nicht überanstrengen. Auf diese Weise können Sie Ihre Muskeln bis ins hohe Alter ohne viel Mühe fit halten. Darüber hinaus wird jede Bewegung elegant, leicht und luftig.

Sie integrieren die Übungen in Ihren Alltag. Der Vorteil besteht darin, dass Sie keine Zeit verlieren. Wenn Sie irgendwo warten müssen, in einer Versammlung sitzen oder reisen, können Sie fast unbemerkt Übungen machen, zum Beispiel für Ihre Wirbelsäule oder Ihre Ringmuskeln.

Jede Übung ist eine Totalbewegung, bei der Sie die gesamte Muskelkette einsetzen. Ob der Schwerpunkt der Übungen bei den Füßen, den Händen oder den Schultern liegt: Immer beeinflussen Sie damit den gesamten Körper – etwa so, wie wenn Sie einen Stein ins Wasser werfen und die Kreise, die dabei auf dem Wasser entstehen, immer größer werden.

Besonders wenn Sie die Übungen langsam ausführen, spüren Sie den Verlauf der Muskelkette immer besser – von dem Punkt, an dem Sie begonnen haben, bis zum anderen Ende Ihres Körpers.

Der Effekt wird noch verstärkt, wenn Sie die Übung auch gedanklich mit ausführen – sich also in Gedanken in den entsprechenden Teil des Körpers begeben und die Muskelkette verfolgen.

Die Füße

Die Füße sind das Fundament des Körpers und deshalb für die Haltung verantwortlich. Wenn etwas mit den Füßen nicht stimmt, wirkt es sich auf den ganzen Körper aus. Sie sind sehr wichtig als Unterstützung beim aufrechten Sitzen, Hinsetzen und Aufstehen, Stehen, Gehen und Liegen. Die Füße richtig einzusetzen wirkt sich auf den gesamten Körper positiv aus.

Die Füße stützen den Körper vor allem beim aufrechten Sitzen, weil sie am beweglichen Sitzen aktiv beteiligt sind. Wenn Sie Ihre Füße sanft und rhythmisch gegen den Boden drücken, dann kann Ihr ganzer Körper beim richtigen Sitzen mithelfen. Außerdem fördert es die Durchblutung der Füße, so dass Sie keine kalten Füße bekommen.

Wir unterscheiden drei Kontaktpunkte an den Füßen. Hinten außen an der Ferse sitzt der Fersenkontaktpunkt. Der Großzehenkontaktpunkt sitzt direkt vor dem Beginn des großen Zehs. Dort sind zwei kleine Knochenstücke mit

dem Mittelfußknochen verwachsen und bilden so eine breitere Grundfläche.
Beim Kleinzehenkontaktpunkt, direkt vor dem kleinen Zeh, befindet sich auch ein zusätzliches Knochenstück.

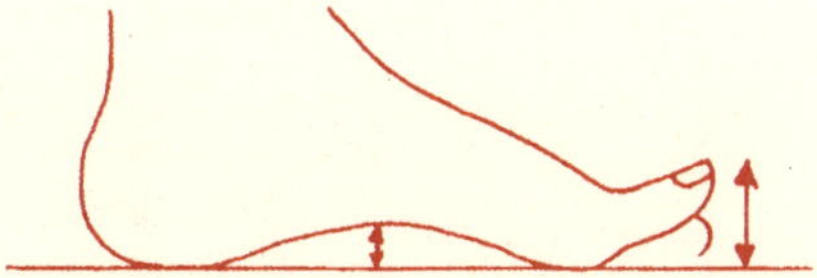

Wenn Sie die Vorfüße gegen den Boden drücken und die Zehen hochziehen, dann können Sie die vorderen Kontaktpunkte gut fühlen.
Das Gewicht des Körpers ruht auf diesen drei Kontaktpunkten des Skeletts sowie auf dem Fußaußenrand.

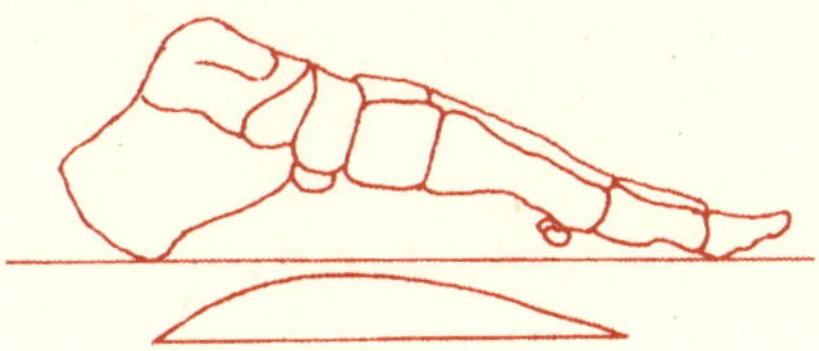

Der innere Rand des Fußes berührt den Boden nicht. Dafür sorgt das große Fußlängsgewölbe, eine federnde Konstruktion, die beim Gehen eine große Rolle spielt.

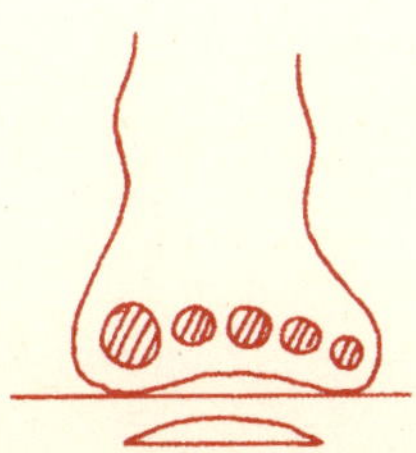

Zwischen dem großen und dem kleinen Zehenkontaktpunkt befindet sich ein fast unsichtbarer Bogen, das vordere Fußquergewölbe.

Übung 1

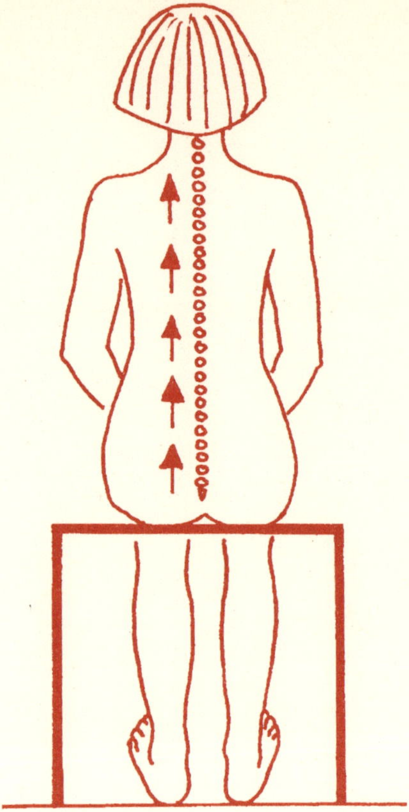

Am einfachsten lässt sich die Wirbelsäule strecken, wenn Sie beim Federn der Füße gegen den Boden vor allem den Fersenkontaktpunkt betonen.

Setzen Sie sich auf die vordere Kante eines Stuhles und drücken Sie die Fersenkontaktpunkte gegen den Boden. Versuchen Sie zu spüren, was dabei in Ihrem Körper passiert. Spüren Sie, wie die Rückseite Ihres Körpers sich streckt. Lassen Sie die Streckung wieder zurückfließen und drücken Sie erneut die Fersenkontaktpunkte gegen den Boden, lassen Sie dann wieder los.

Übung 2

Drücken Sie jetzt die vorderen Kontaktpunkte gegen den Boden. Spüren Sie, wie sich Ihr Körper über die Vorderseite streckt. Lassen Sie die Streckung wieder zurückfließen und drücken Sie erneut die vorderen Kontaktpunkte an den Boden, danach lassen Sie die Streckung abermals zurückfließen.

Übung 3

Drücken Sie jetzt abwechselnd die vorderen Kontaktpunkte und den Fersenkontaktpunkt in den Boden. Sie fühlen dann, dass in Ihrem gesamten Körper eine sanfte Schwingung entsteht.

Das Sitzen

Wir sitzen alle viel zu viel, und jeder Mensch hat eine eigene Art und Weise zu sitzen. Wenn die Rückenmuskulatur zu angespannt und die Bauchmuskeln zu schwach sind, ist das Gleichgewicht gestört und das aufrechte Sitzen ohne Lehne muss neu gelernt werden.
Das Schöne ist, dass Sie allein durch richtiges Sitzen verhindern können, dass Ihr Körper erschlafft.
Aufrechtes Sitzen sieht nicht nur besser aus, sondern ist auch besser für die Funktionstüchtigkeit der Organe.

- Die ideale Art zu sitzen ist vorne auf dem Stuhl mit rechten Winkeln, das heißt, es entstehen rechte Winkel von 90° zwischen Fuß und Unterschenkel, zwischen Unter- und Oberschenkel, zwischen Oberschenkel und Rumpf und zwischen Hals und Kinn.

- Setzen Sie beide Füße nebeneinander auf den Boden; die Fersen etwas dichter zusammen als die Vorfüße. Auf diese Weise stützen die Füße die Wirbelsäule.

falsch

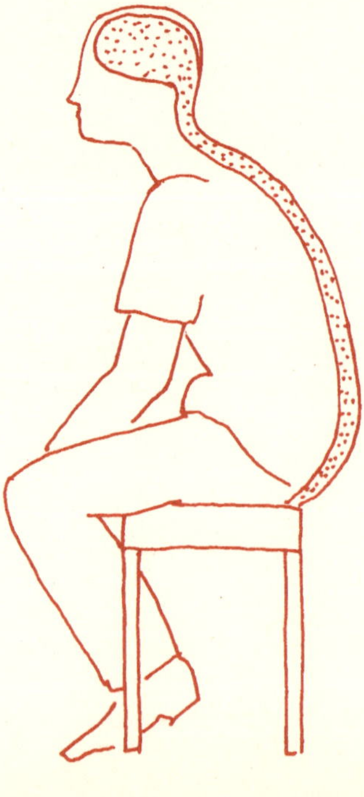

• Vorne auf der Stuhlkante zu sitzen hat den Vorteil, dass die Oberschenkel nicht durch die Sitzfläche blockiert werden und Ihr Oberkörper beweglich ist.

• Wenn Sie vorne auf der Stuhlkante sitzen, können Sie die Lehne vielleicht nicht mehr benutzen, aber das ist im Grunde auch nicht nötig. Ihre Wirbelsäule und Ihre Rückenmuskeln sind Ihre Rückenlehne, die Sie ständig bei sich haben. Sie haben es nur verlernt, sie einzusetzen, während Sie als Kind mühelos ohne Rückenlehne, auf dem Fußboden sitzend, spielen konnten. Bewegen Sie, wenn Sie vorne auf der Stuhlkante sitzen, Ihre Oberschenkel nach links und rechts. Sollte Ihnen das schwer fallen, dann rücken Sie noch ein Stückchen nach vorne.

richtig

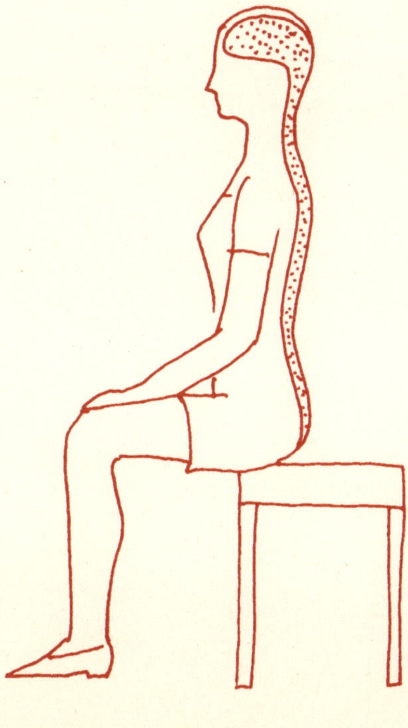

• Kontrollieren Sie jetzt, ob Sie auf Ihren Sitzbeinen sitzen. Die Sitzbeine sind zwei Knochen in Ihrem Gesäß. Sie heißen nicht umsonst Sitzbeine, Sie sollen darauf sitzen. Wenn Sie eine Hand unter Ihren rechten Gesäßmuskel legen, können Sie das rechte Sitzbein fühlen. Erfühlen Sie auf diese Weise auch Ihr linkes Sitzbein. Sitzen Sie richtig auf Ihren Sitzbeinen, dann entsteht ein rechter Winkel zwischen Bauch und Oberschenkeln.

• Jetzt sitzen Sie aufrecht, das ist am Anfang nicht leicht. Wenn Sie immer vornübergebeugt oder zusammengesunken gesessen haben, muss Ihr Rücken sich erst an die neue Haltung gewöhnen. Erzwingen Sie nichts, Sie sollten diese Art zu sitzen langsam aufbauen und ausdehnen.

• Setzen Sie sich jetzt vor Ihre Sitzbeine, dann dahinter. Schwingen Sie immer weniger vor und zurück, bis Sie das Gefühl haben, dass Sie oben auf Ihren Sitzbeinen sitzen. Bleiben Sie nicht steif sitzen, wenn Sie die richtige Haltung gefunden haben, sondern schwingen Sie sanft weiter.

• Die Art, wie Sie sitzen, wirkt sich auch auf Ihre Kopfhaltung aus. Versuchen Sie zu spüren, wie Ihre Kopfhaltung sich verändert, wenn Sie vor, hinter oder auf Ihren Sitzbeinen sitzen.
Sitzen Sie richtig auf Ihren Sitzbeinen, dann ist Ihr Scheitel der

höchste Punkt, und es besteht ein rechter Winkel zwischen Hals und Kopf. Richtiges Sitzen wirkt sich also positiv auf Ihr Gesicht aus.
Sie können sich ein Spiel daraus machen und raten, ob andere Menschen vor, hinter oder auf ihren Sitzbeinen sitzen. Das können Sie häufig an ihrem Gesicht erkennen, an ihren Schultern oder an ihrem Bauch ...
Wenn Sie einen Punkt nicht beachten, wirkt sich das auf den ganzen restlichen Körper aus. Das ist beim Sitzen sehr deutlich zu sehen und zu fühlen.

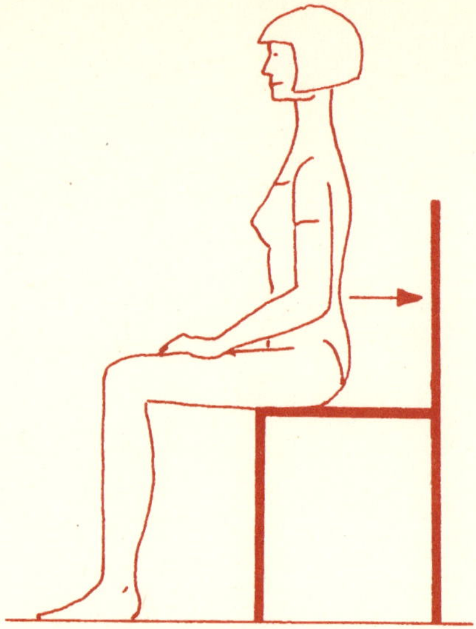

Übung 1

Es ist wichtig, in Bewegung zu bleiben, wenn man sitzt. Setzen Sie sich richtig auf einen Stuhl. Zwischen Ihren Lendenwirbeln und der Rückenlehne denken Sie sich einen Ballon, den Sie mit Ihren Lendenwirbeln eindrücken; zunächst mit größeren Bewegungen, dann mit immer kleineren.

Übung 2

Wenn Sie mit den Lendenwirbeln den erdachten Ballon eindrücken, entdecken Sie vielleicht, dass Sie gleichzeitig mit den Füßen gegen den Boden drücken.

Übung 3

Drücken Sie Ihr rechtes Sitzbein nach unten gegen den Stuhl, und lassen Sie wieder los. Stellen Sie sich vor, Sie drücken eine Kuhle in den Stuhl, langsam und rhythmisch. Versuchen Sie zu spüren, was in Ihrem Körper geschieht. Wiederholen Sie das auch mit Ihrem linken Sitzbein. Spüren Sie, was jeweils rechts und links in Ihrem Körper geschieht.

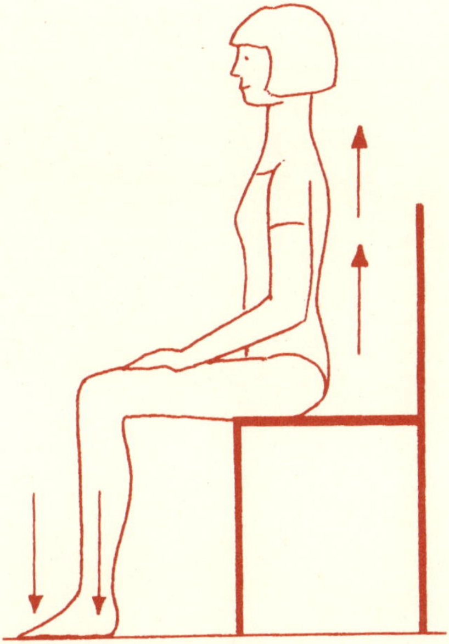

Übung 4

Drücken Sie Ihre Füße sanft gegen den Boden, und spüren Sie, wie sich Ihr Rücken streckt. Legen Sie die Hände auf Ihre Oberschenkel. Sie fühlen, wie sich Ihre Muskeln unter Ihren Händen bewegen.

Drücken Sie jetzt nur Ihren rechten Fuß gegen den Boden und spüren Sie, was in Ihrem Körper geschieht. Dann machen Sie die gleiche Übung – nur mit dem linken Fuß.

Sie werden immer mehr spüren, wenn Sie diese Übung einige Male hintereinander machen. Sie spüren Ihre Beine, Ihren Beckenboden, Ihren Bauch, Ihre Wirbelsäule und Ihr Gesicht.

Ihre Beinmuskulatur ist ständig in Bewegung. Hierdurch kommt es zu einer Pumpbewegung in den Blut- und Lymphgefäßen, die die Blutzirkulation fördert. Bei langem Sitzen (zum Beispiel während einer Reise) können Sie mit dieser Übung zielgerichtet geschwollenen Knöcheln vorbeugen.

Das Stehen

Sie benötigen Widerstand, um sich zu bewegen und das Gleichgewicht zu halten. Die einfache Tatsache, dass wir stehen können, indem wir uns gegen die Erde aufrichten, ist als solche eine beträchtliche Leistung, die wir als Kind lernen.

Für Ihr Gleichgewicht ist es besser, das Körpergewicht auf beide Beine zu verteilen. Stehen Sie auf einem Bein, kommt es zu einer seitlichen Verkrümmung der Wirbelsäule und einer unnötigen Belastung der Gelenke. Wenn Sie mit gebeugten Knien stehen, hängt der gesamte Körper, weil die Muskulatur erschlafft.

Stehen Sie jedoch auch nicht mit durchgedrückten Knien. Das führt nicht nur zu einer Blockade in dem Bereich, sondern der Rücken bildet ein Hohlkreuz und der Bauch wird vorgestreckt.

Hängen Ihre Schultern nach vorne, dann rutschen auch die Arme vor, die Handflächen drehen sich nach hinten, und Ihr Rücken wird breit und krumm.

Das Entgegengesetzte passiert, wenn Sie Ihre Handflächen nach vorne drehen. Fühlen Sie den

deutlichen Unterschied der Schulterstellung.
Probieren Sie die verschiedenen Stellungen vor dem Spiegel aus und achten Sie darauf, wie Sie normalerweise stehen.

Genau wie beim Sitzen stellen Sie die Fersen etwas näher aneinander als die Vorfüße. Das ist die natürliche Position des Beines im Verhältnis zum Rumpf, weil die nach außen drehenden Muskeln um das Hüftgelenk stärker sind als die nach innen drehenden. Die Füße stellen Sie in Ihrer Körper-

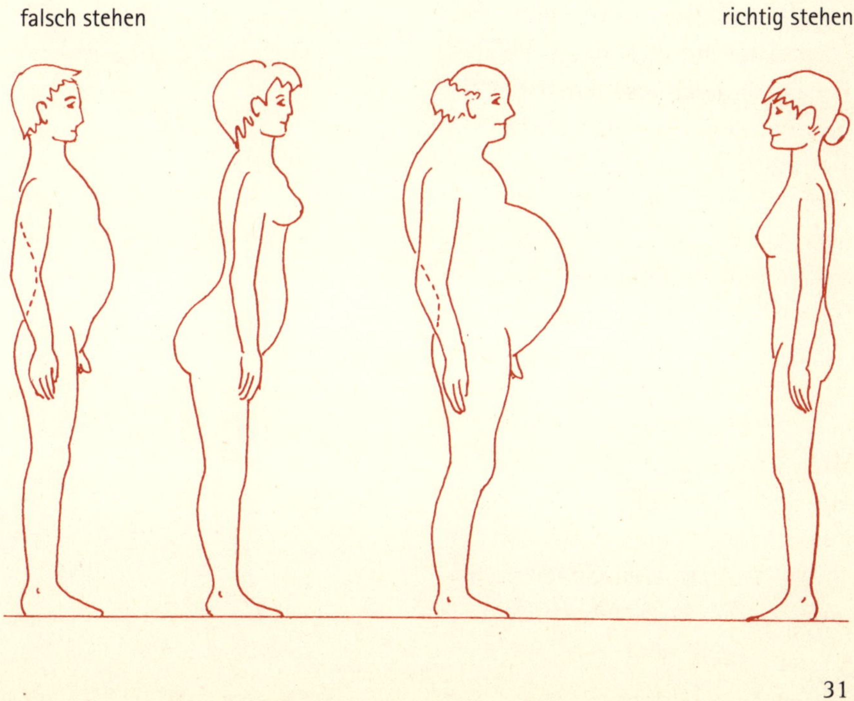

breite nebeneinander, mit anderen Worten, Sie stellen die Füße unter das Hüftgelenk.
Anatomisch betrachtet sollten Männer mit einem schmalen Becken die Füße dichter zusammenstellen als Frauen, die von Natur aus ein breiteres Becken haben. In der Realität stehen Männer jedoch häufig breitbeinig und Frauen mit den Füßen dicht nebeneinander. Die Arme hängen locker an der Seite, die Handflächen zeigen zum Körper.

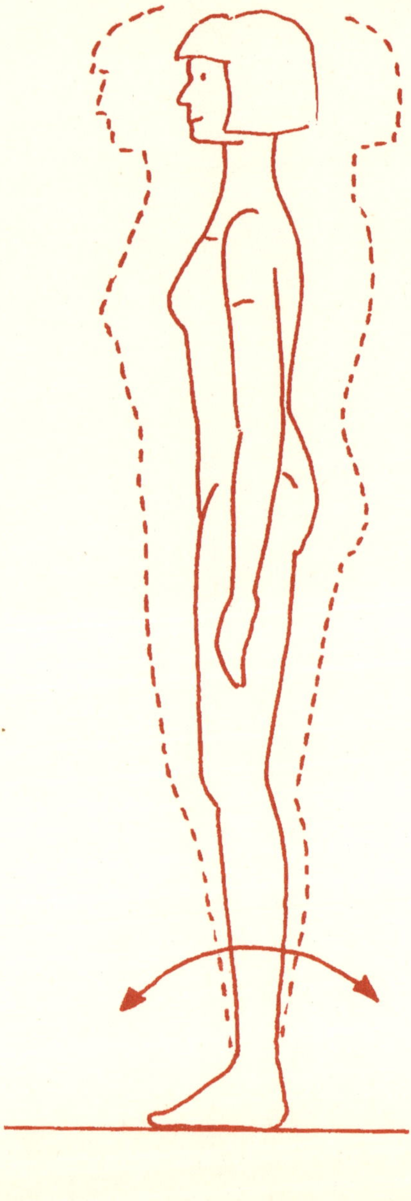

Übung 1

Schwingen Sie sanft von den vorderen Kontaktpunkten zu den Fersen und zurück. Auch bei einer mehr oder weniger statischen Haltung wie dem Stehen ist es wichtig, nicht steif stehen zu bleiben, wenn Sie die richtige Position gefunden haben. Versuchen Sie, fast unmerklich zu schwingen.

Übung 2

Drücken Sie beide Fersen gegen den Boden. Dadurch strecken Sie Ihren Körper, alle Gelenke, besonders die Knie, die Hüfte und

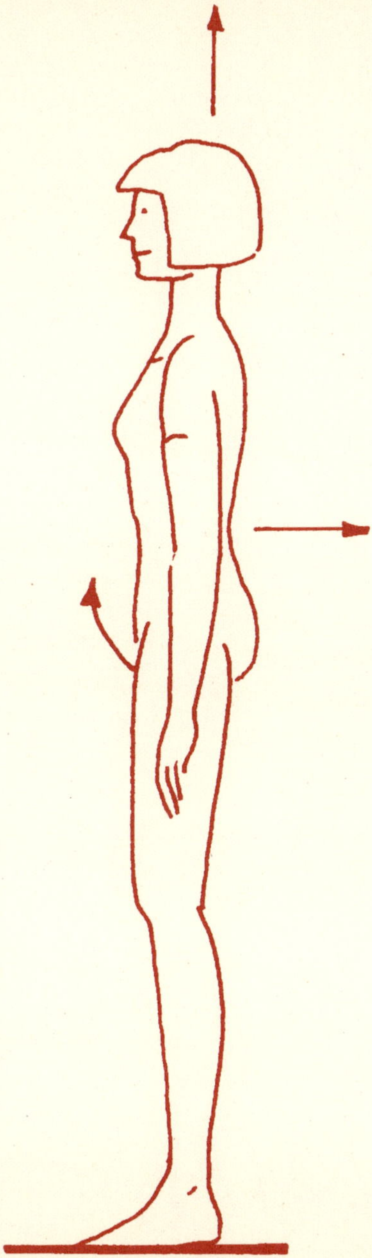

die Wirbelsäule. Fühlen Sie, wie Ihre Muskeln sich anspannen und fester werden. Lassen Sie wieder los.
Wiederholen Sie dies mehrmals und machen Sie eine langsame rhythmische Bewegung daraus.

Übung 3

Sie können die Wirbelsäule strecken, indem Sie Ihre Lendenwirbel nach hinten drücken. Sie fühlen, dass Ihr Bauch flacher wird, indem Sie Ihre Muskeln anspannen. Selbst Ihre Muskeln am Gesäß sind beteiligt.
Dies ist eine wunderbare Übung, wenn Sie lange stehen müssen. Außerdem können Sie sie beinahe unbemerkt ausführen.

Das Aufstehen und Hinsetzen

Aus dem Aufstehen und Hinsetzen können Sie eine Übung machen. Auf diese Weise trainieren Sie Ihre Beinmuskulatur, so dass sie ohne große Mühe Ihren Körper hochhebt.
Am Anfang üben Sie am besten mit einem harten Stuhl oder Hocker. Anschließend wird dies zur neuen Gewohnheit, und das Aufstehen und Hinsetzen fällt Ihnen auch in weichen Stühlen immer leichter.

Das Aufstehen

Schieben Sie einen Fuß ein wenig nach hinten unter den Stuhl, der andere bleibt im rechten Winkel stehen, um Ihren Körper zu stützen.
Drücken Sie die Ferse des hinteren Fußes sanft gegen den Boden und fühlen Sie, wie diese Körperseite bereits nach oben gedrückt wird. Dann stehen Sie mit geradem Rücken auf, indem Sie die Beine strecken.
Stehen Sie einmal auf, während Sie mit beiden Füßen auf dem Boden stehen.

richtig aufstehen

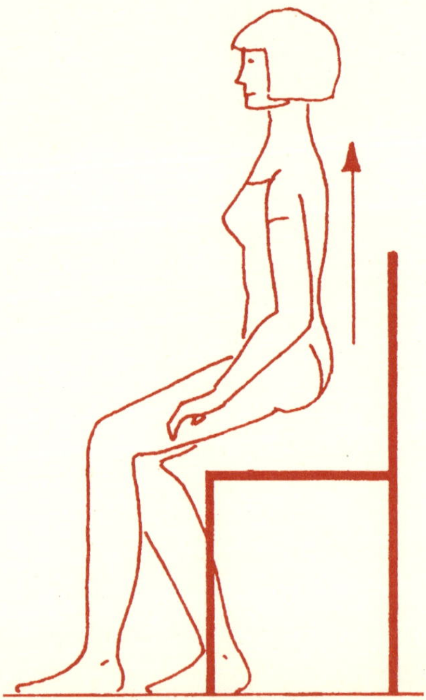

falsch aufstehen

Oder drücken Sie sich mit Hilfe von Armlehnen hoch.
Spüren Sie Unterschiede? Wenn ja, wo?

Übung

Schieben Sie Ihren rechten Fuß ein wenig nach hinten unter den Stuhl. Drücken Sie die Ferse auf den Boden, und lassen Sie die Bewegung wieder zurückfließen. Legen Sie Ihre Hände auf die Oberschenkel, dann auf den Bauch, das Gesäß und anschließend auf die Brust. Spüren Sie, wie sich alles unter Ihren Händen bewegt, weil sich Ihre Muskeln anspannen.
Wechseln Sie die Haltung der Füße und drücken Sie jetzt die linke Ferse nach unten.

Das Hinsetzen

Stellen Sie sich vor einen Stuhl, so dass Sie mit den Kniekehlen den Stuhl berühren können. Das ist wichtig, damit Sie sich nicht aus Versehen neben den Stuhl setzen. Schieben Sie einen Fuß ein wenig nach hinten unter den Stuhl. Das andere Bein bleibt senkrecht, um den Rücken zu

stützen. Beugen Sie Knie und Hüfte und setzen Sie sich mit geradem Rücken hin.
Jedes langsame und kontrollierte Aufstehen und Hinsetzen ist eine enorme Übung für die Muskulatur an den Beinen und am Gesäß.

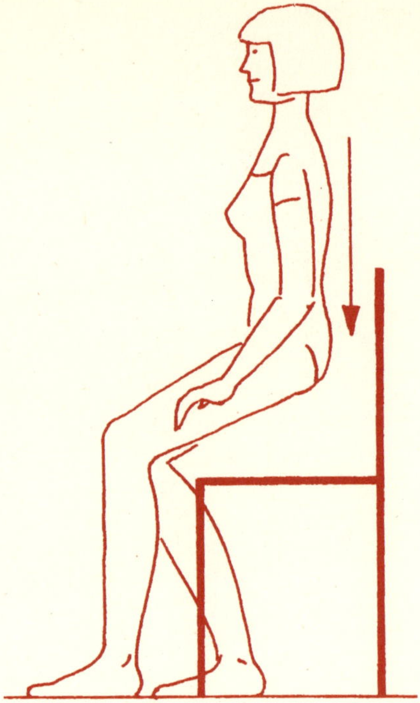

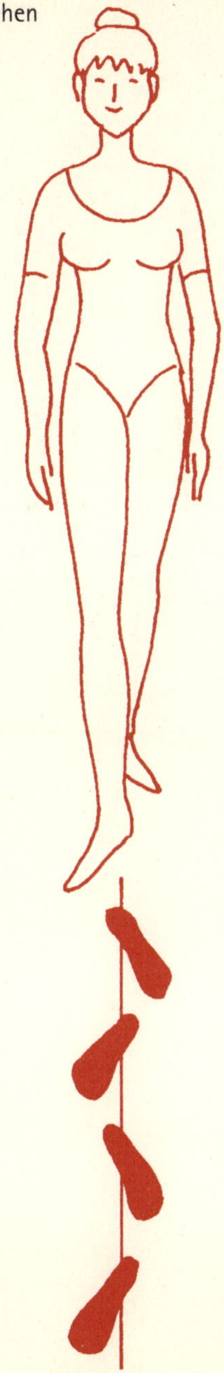
richtig gehen

Das Gehen

Es gibt verschiedene Arten zu sitzen, aber noch mehr Arten zu gehen. Als Kind haben Sie laufen gelernt, und damals war es das Schönste überhaupt. In höherem Alter ist das manchmal nicht mehr so leicht und selbstverständlich.

Mit zunehmendem Alter haben viele Menschen Probleme, ihr Gleichgewicht zu halten, weil sie steife Muskeln und Gelenke, Gleichgewichtsstörungen sowie Angst zu fallen haben. Sich immer richtig zu bewegen ist eine gute Übung, um zu verhindern, dass man beim Gehen unsicher wird.

Mit Ismakogie lernen Sie im wörtlichen und im übertragenen Sinn, wieder leichtfüßig durchs Leben zu gehen. Das Gehen besteht aus einem Komplex von Bewegungen verschiedener Muskelgruppen, die zusammenarbeiten. Die Muskeln um das Hüftgelenk und die Oberschenkel sowie das gelenkige Abrollen der Füße sind beim Gehen das Wesentliche.

Leiten Sie den Schritt ein, indem Sie Ihren Oberschenkel anheben. Rollen Sie den Fuß, den Sie nach vorne setzen, ab. Setzen Sie also zuerst mit dem Fersenkontaktpunkt auf, dann verlagern Sie das Körpergewicht über die Außenseite des Fußes auf die vorderen Kontaktpunkte. Heben Sie dann die Ferse an, und drücken Sie sich zum Schluss mit dem großen Zeh ab, bevor Sie den Fuß wieder anheben.

Der Augenblick, in dem Sie auf einem Bein stehen und das andere herangezogen wird, ist die Streckphase, in der Knie- und Hüftgelenk gestreckt werden. Wenn das Bein bei gebeugtem Knie- und Hüftgelenk nach vorne schwingt, ist das die Beugephase. Das Resultat ist eine fließende, leicht schwingende Bewegung in der Längsachse des Körpers. Gelenkig federnde Fußgewölbe und bewegliche Sprunggelenke helfen beim rhythmisch schwingenden Gehen.

Halten Sie den Kopf aufrecht.

Lassen Sie die Arme locker an der Körperseite mit den Handflächen zum Körper gerichtet hängen. Arme und Beine bewegen sich entgegengesetzt, also rechtes Bein und linker Arm bewegen sich gleichzeitig nach vorne. Dies ist der ganz normale Gehvorgang.

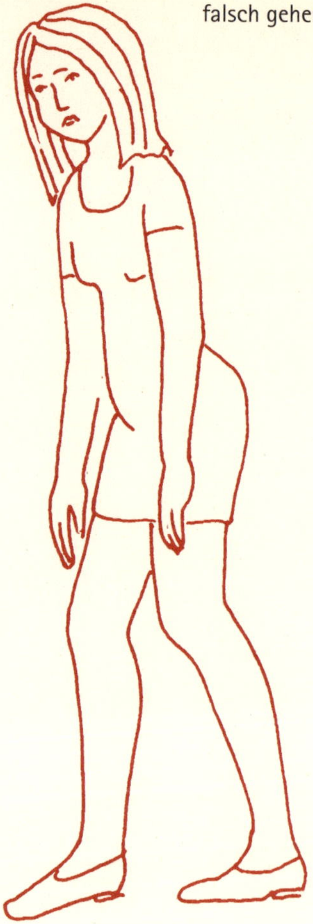

falsch gehen

Beim Passgang dagegen bewegen sich rechtes Bein und rechter Arm gleichzeitig nach vorne. Er tritt manchmal als Folge einer steifen Hüfte oder einer schlechten Koordination der zwei Gehirnhälften auf.

Gehen Sie jetzt einmal so, wie Sie immer gehen. Gehen Sie vielleicht mit den Hüften, mit den Unterschenkeln oder ...

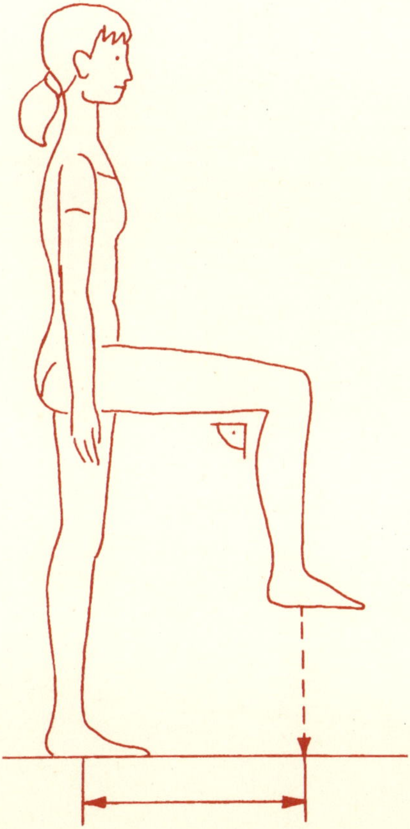

Übung 1

Heben Sie das rechte Bein bis zur Waagerechten an. Das linke Bein steht auf dem Boden, wir nennen es das Standbein. Das Standbein sorgt dafür, dass Sie aufrecht stehen bleiben. Solange Sie aufrecht stehen, können Sie mit dem rechten Bein machen, was Sie wollen. Sie können damit spielen, deshalb nennen wir es Spielbein.

Heben Sie das Spielbein an. Die Aufmerksamkeit liegt auf dem Oberschenkel, den Unterschenkel lassen Sie locker hängen.

Vielleicht spüren Sie, dass Ihre Bauchmuskeln beim Anheben mithelfen. Wechseln Sie die Beine. Jetzt ist das rechte das Standbein. Strecken Sie falls nötig bei dieser Übung einen Arm zur Seite, um das Gleichgewicht zu halten, oder halten Sie sich anfangs an einem Stuhl fest.

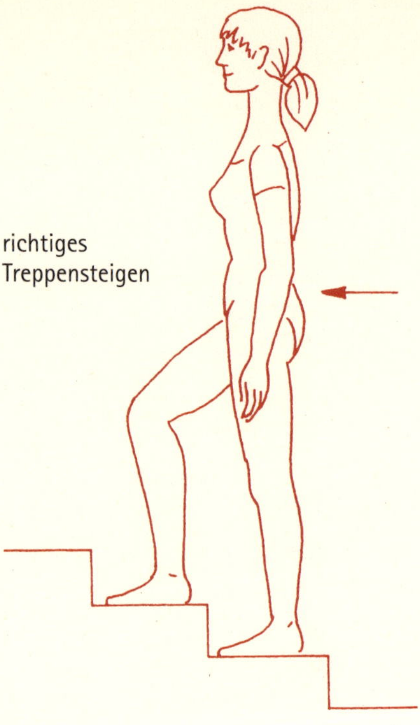

richtiges Treppensteigen

Übung 2: Das Treppensteigen

Stellen Sie sich mit beiden Füßen nebeneinander auf eine Treppenstufe. Heben Sie den rechten Oberschenkel an, das linke Bein wird dadurch zum Standbein. Setzen Sie den rechten Fuß auf die nächste Stufe und strecken Sie das rechte Bein. Fühlen Sie nun, wie sich die Muskulatur in den Beinen und am Gesäß anspannt, um Knie und Hüfte zu strecken. Jetzt ist Ihr rechtes Bein das Standbein geworden.

falsches Treppensteigen

Ziehen Sie sich nicht am Treppengeländer hoch, sondern lassen Sie Ihre Beine diese Arbeit verrichten. Halten Sie den Oberkörper und den Kopf aufrecht.
Treppensteigen ist gut für die allgemeine Kondition und die Ausdauer. Außerdem ist es eine gute Übung für die Muskulatur von Beinen und Po.

Das Liegen

Übungen im Liegen auszuführen hat den Vorteil, dass die Belastung der Muskulatur und der Gelenke durch das Körpergewicht geringer ist.
Im Liegen hat der Körper nicht überall Bodenkontakt. Die Kniekehlen, Lendenwirbel und Halswirbel berühren den Boden nicht. Lockern Sie die Spannung in Ihrem Körper, so fallen die Vorfüße nach außen. Legen Sie sich ein Kissen unter den Kopf, wenn er zu sehr nach hinten geneigt ist.
Wenn Sie morgens beim Aufwachen steif sind, eignen sich die folgenden Übungen besonders, um die Muskeln zu dehnen und zu erwärmen.
Sie legen sich noch im Bett auf den Rücken und ziehen erst das eine Knie an, dann das andere. Es ist besser, das nicht gleichzeitig zu tun, weil dies eine unnötige Belastung für die Muskeln wäre.

richtig liegen

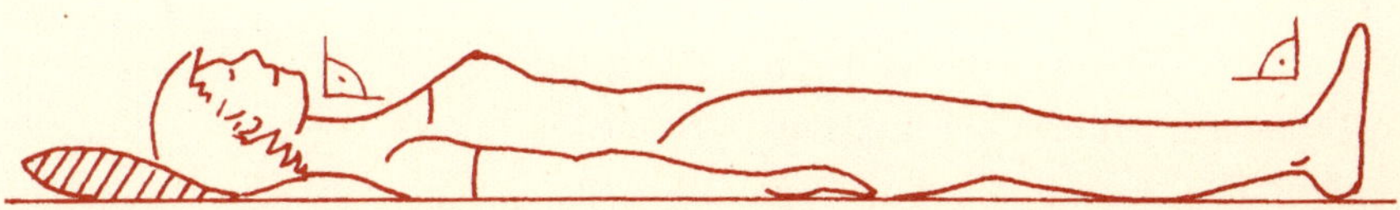

Übung 1

Drücken Sie bei angezogenen Knien den Nabel gewissermaßen durch den Bauch hindurch in die Matratze. Spüren Sie, wie Ihre Lendenwirbel auf die Matratze gedrückt werden. Bewegen Sie sich langsam und fließend und genießen Sie die Bewegung. Denken Sie nicht daran, was Sie alles einkaufen müssen und was Sie sonst noch an diesem Tag unternehmen wollen, sondern denken Sie an die Übung und spüren Sie, was geschieht.

Übung 2

Drücken Sie nun die rechte Ferse auf die Unterlage und lassen Sie die Spannung wieder zurückfließen. Sie sollten den ganzen Fuß auf der Matratze stehen lassen, aber den Nachdruck auf die rechte Ferse legen. Drücken Sie jetzt die linke Ferse auf die Matratze. Versuchen Sie, den Unterschied zu spüren zwischen der rechten und der linken Ferse und dem, was sich rechts und links in Ihrem Körper ereignet.

Drücken Sie nun beide Fersen gleichzeitig gegen die Matratze.

Übung 3

Strecken Sie nacheinander Ihre Beine und schieben Sie beide Fersen in Richtung Fußende. Achten Sie dabei darauf, dass kein Hohlkreuz entsteht. Spüren Sie, wie sich Ihr Körper streckt. Lassen Sie die Bewegung zurückfließen.

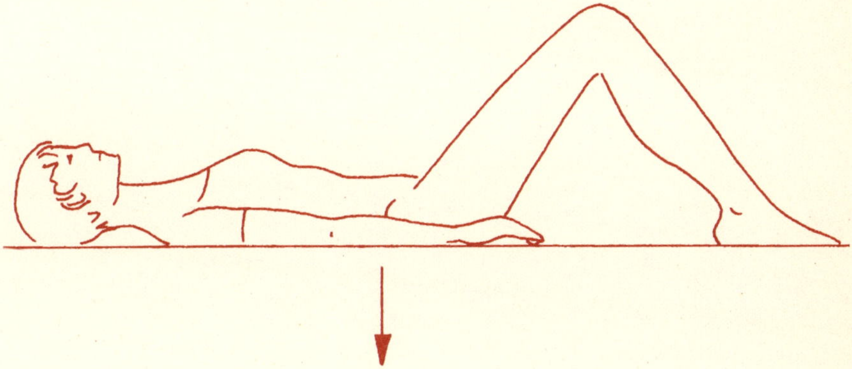

3 Die Atmung

Normalerweise atmen Sie während der schnellen Übungen normal weiter, und die Atmung passt sich dem Rhythmus langsamer Übungen an. Sie funktioniert eigentlich ganz automatisch, aber weil viele Menschen Probleme mit der Atmung haben, beschreiben wir sie im Folgenden.

Betonen Sie während der Übungen vor allem das Ausatmen. Dabei sollen Sie nicht entspannt in sich zusammensinken, sondern die Rippen zusammenziehen und die Wirbelsäule strecken. Das heißt, ausatmen, wenn Sie die Muskeln anspannen, und einatmen, wenn Sie den Ruhezustand wieder einnehmen. Beim Einatmen bewegen sich die Rippen nach oben außen und das Zwerchfell nach unten, um den Lungen Platz zu machen. Als Folge davon tritt der Bauch etwas hervor. Beim Ausatmen verengen sich die Rippen, das Zwerchfell geht nach oben und der Bauch wird flacher. Meistens verläuft das Atmen von allein richtig, aber vielen Menschen fällt es schwer, auch ökonomisch richtig zu atmen. Vor allem Frauen neigen dazu, oberflächlich, also oben in den Lungen, zu atmen und bei einer Kraftanstrengung die Luft anzuhalten.

Es ist besser, bei einer Anstrengung auszuatmen, so dass die Muskeln nicht starr festgehalten werden.

Viele Menschen spannen die Muskeln beim Einatmen an und entspannen beim Ausatmen. Wenn Sie bei jedem Ausatmen der Anziehungskraft der Erde nachgeben, sinken Sie buchstäblich wie ein Pudding in sich zusammen. Wenn Sie stark angespannt sind, ist es natürlich gut, wenn Sie erst lernen zu entspannen. Danach ist es wichtig, wieder eine gute Haltung aufzubauen, so dass sie nicht zusammengesunken auf dem Stuhl hängen. Die Ruhespannung ist die Mitte zwischen einer zu großen Anspannung und einer zusammengesunkenen Haltung. Aus der Ruhespannung heraus können Sie sich frei bewegen, die Muskeln sind nicht erschlafft und die inneren Organe in Bauch und Brustkasten werden nicht zusammengedrückt.

Übung 1

Gut zu spüren ist die Bewegung des Bauches, wenn Sie mit angewinkelten Knien auf dem Rücken auf dem Boden liegen. Mit den Händen auf dem Bauch können Sie fühlen, wie sich der Bauch beim Einatmen wölbt und beim Ausatmen flacher wird.

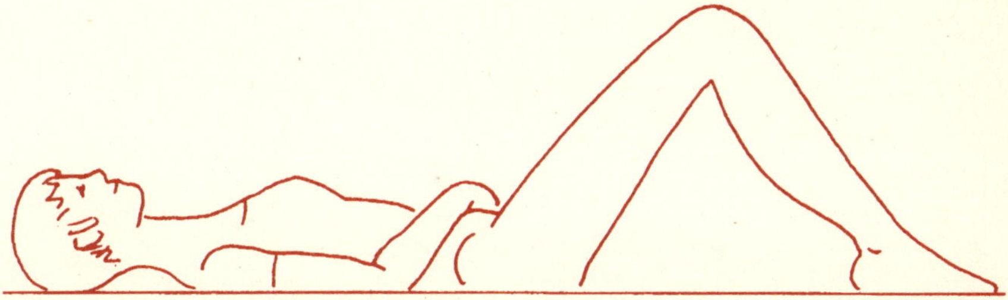

Übung 2

Drücken Sie beim Ausatmen die Lendenwirbel gegen den Boden und spüren Sie die Kettenreaktion in der Muskulatur, die dann folgt. Versuchen Sie, die Muskelkette nach unten zu fühlen, die Bauchmuskeln, die Beckenbodenmuskeln, die Gesäßmuskulatur, die Oberschenkelmuskulatur, die Unterschenkelmuskulatur und die Fußmuskeln. Nach oben hin spüren Sie die Muskelkette in den Muskeln von Brust, Rücken, Hals und Schultern sowie in den mimischen Muskeln des Gesichts.

Atmen und bewegen Sie sich in Ruhe weiter. Wenn Sie die Muskeln festhalten, neigen Sie auch dazu, die Atmung festzuhalten, und das sollte nicht sein.
Spannen Sie die Muskeln beim Ausatmen an. Während des Einatmens lassen Sie die Muskeln los. Spüren Sie eine sanfte Wellenbewegung in Ihrem Körper im Rhythmus der Atmung.

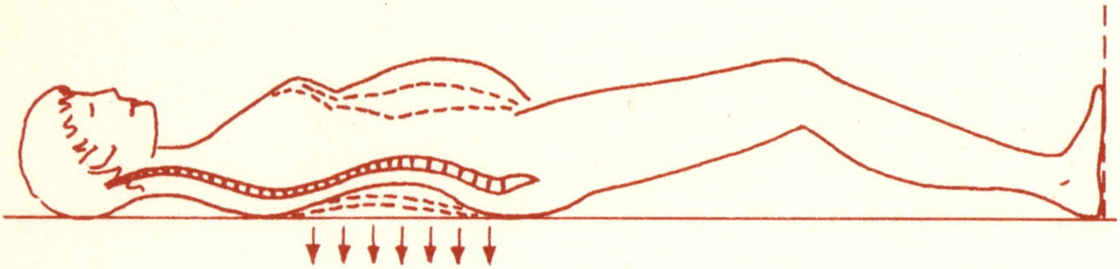

Übung 3

Stellen Sie sich einen Ballon vor, den Sie sich mit den Händen gegen den Bauch drücken, die Bauchmuskulatur spannt sich an, Ihr Bauch wird flacher.

Es ist logisch, dabei auszuatmen, immerhin kann der Bauchinhalt nach hinten ausweichen, wenn sich das Zwerchfell hebt.

Außerdem spüren Sie, dass sich auch die Lendenwirbel nach hinten schieben, wenn sich der Bauch nach hinten schiebt.

Durch die Streckung der Wirbelsäule werden Sie größer, durch das Zusammenziehen der Rippen werden Sie kleiner. Sie werden also, statt sich zu entspannen und zusammenzusinken, bei jedem Ausatmen lang und dünn.

4 Bewegung und Koordination

In der Ismakogie dreht sich alles um Zusammenarbeit: die Zusammenarbeit der Muskeln als Muskelzug, aber auch die Zusammenarbeit von Hand und Fuß, Sprung- und Handgelenk, Knie und Ellenbogen, Oberschenkel und Oberarm, Hüfte und Schultergelenk.

Sehr oft benutzt man bei den Übungen dieselbe Körperseite. Sie drücken zum Beispiel gleichzeitig die Kontaktpunkte des rechten Fußes gegen den Boden und die rechte Hand gegen ein imaginäres Kissen.

Auf diese Weise wird die ganze rechte Körperseite eingesetzt, um zur Streckung zu gelangen.

Aber auch die Zusammenarbeit zwischen der rechten und der linken Körperseite und der rechten und der linken Gehirnhälfte ist wichtig.

Alle Bewegungen werden vom Gehirn aus gelenkt und koordiniert. Die Koordination von Körperhaltung und Bewegung wird vom Kleinhirn gesteuert. Das Großhirn schickt für eine bestimmte Bewegung Impulse an das Kleinhirn, die über die Art und Weise der beabsichtigten Bewegung informieren.

Vom Hirnstamm erhält das Kleinhirn Informationen über die Position des Körpers im Verhältnis zur Umgebung. Das Rückenmark liefert Informationen über die Gelenke, Muskeln und Sehnen, also die Position der verschiedenen Körperteile zueinander.

Das Kleinhirn ist demnach eine große Schaltstation,

die vor allem für die Erhaltung des körperlichen Gleichgewichts sorgt. Die Motorik wird ständig angepasst.

Bei einer Lähmung ist die Muskulatur zwar intakt, der Kontakt zum Gehirn ist jedoch unterbrochen und somit ist keine Bewegung möglich.

Auch wenn Sie eine Bewegung ausführen, ohne nachzudenken, ist das nur aufgrund eines Befehls und eines Nervenimpulses aus dem Gehirn möglich.

Die rechte Gehirnhälfte ist motorisch für die linke, die linke Gehirnhälfte für die rechte Körperhälfte zuständig. Für eine gelungene Motorik ist also die Zusammenarbeit zwischen beiden Gehirnhälften wichtig.

Darüber hinaus sind die rechte und die linke Gehirnhälfte auch für unterschiedliche psychische Aktivitäten zuständig. Die linke Gehirnhälfte beherrscht das rationale Denken und Beobachten. Die rechte Gehirnhälfte befasst sich mit dem Emotionalen. Grob ordnen sich Denken und Fühlen also der linken beziehungsweise rechten Gehirnhälfte zu.

Wenn Sie Übungen machen, denken Sie zuerst über eine Übung nach. Manchmal führt man die Übung zuerst in Gedanken aus und dann spüren Sie die Bewegung im Körper, kurz: eine gelungene Zusammenarbeit zwischen der rechten und der linken Gehirnhälfte. Oft ist eine der Hirnhälften dominant. Es ist wichtig, die schwache und die starke Seite so oft wie möglich im Gleichgewicht zu halten, um eine gute Koordination zu erreichen.

Eine schlechte Motorik lässt sich dadurch verbessern, dass man entgegengesetzte Bewegungen macht.

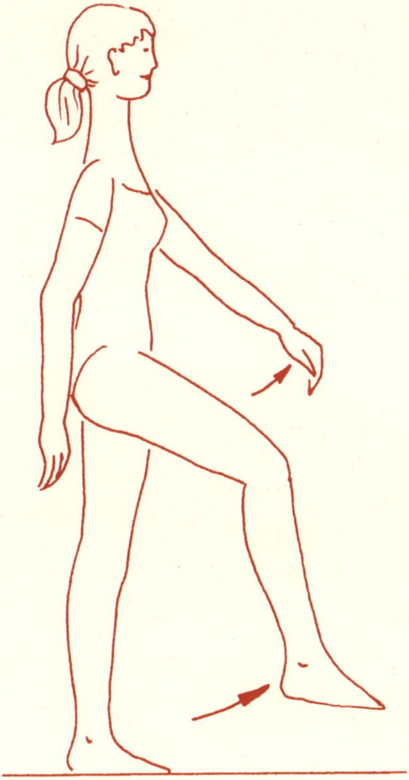

Übung

Ein hierzu passende Übung, die stehend, aber auch sitzend ausgeführt werden kann, ist zum Beispiel: den linken Arm und das rechte Bein anheben und wieder absetzen.

Dann das Gleiche mit dem rechten Arm und dem linken Bein. Es ist wichtig, sich dabei langsam und fließend zu bewegen.

Wenn Sie abwechselnd das linke und das rechte Bein bewegen, kommen die Bewegungsimpulse aus beiden Gehirnhälften.

Komplizierter wird es, wenn Sie links und rechts eine entgegengesetzte Bewegung ausführen müssen. Diese Übungen fördern die Zusammenarbeit zwischen den beiden Gehirnhälften besonders.

Auf diese Weise wird bei den Übungen das Gleichgewicht zwischen Körper und Geist hergestellt.

5 Die Übungen

Sich mit Ismakogie zu beschäftigen heißt, im eigenen Körper auf Entdeckungsreise zu gehen. Sie wissen nicht, was Sie erwartet und wo Sie ankommen. Die Chance ist groß, dass Sie in Ihrem Körper Dinge erspüren, die Sie nicht für möglich gehalten haben, wie zum Beispiel die Tatsache, dass sich mit Übungen für Ihre Ringmuskeln Gesicht und Füße beeinflussen lassen. Oder dass Sie Übungen für Ihre Wirbelsäule mit Ihrem Mittelfinger verstärken können. Sie können sogar mit Ihrer Zunge das Fußgewölbe anheben oder umgekehrt.
Praktisch daran ist, dass Sie dies alles tun können, während Sie von vielen Menschen umgeben sind. Sie führen die Übungen dann mit derart kleinen Bewegungen aus, dass andere sie nicht wahrnehmen.
Bei kleinen Übungen bildet Ihr Körper Gelenkflüssigkeit, während diese bei großen verbraucht wird.

Am Anfang machen Sie sich vor allem Ihre schlechten Gewohnheiten bewusst und korrigieren sich mit einer kleinen Übung.
Nach einiger Zeit werden Sie immer mehr spüren und erfahren, dass Sie im Alltag Ihren gesamten Körper einsetzen können. Jede Übung ist eine totale Bewegung. Ihre Kontaktpunkte federn gegen den Boden, Ihr Fußgewölbe nach oben. Die Muskeln in Unter- und Oberschenkel, Beckenboden, Bauch, Schultern und Gesicht werden sanft angespannt und

wieder losgelassen. Es ist egal, ob Sie eine Übung für die Wirbelsäule, die Ohren, den Mundboden oder den Beckenboden machen: Immer ist der ganze Körper in Bewegung. Bedingung ist, dass Sie richtig stehen, sitzen oder liegen. Dann erzielen Sie das beste Ergebnis.

Atmen Sie bei langsamen Übungen während der Anspannung aus. Halten Sie die Muskelanspannung nicht fest, sondern lassen Sie die Bewegung langsam zurückfließen, während Sie einatmen.

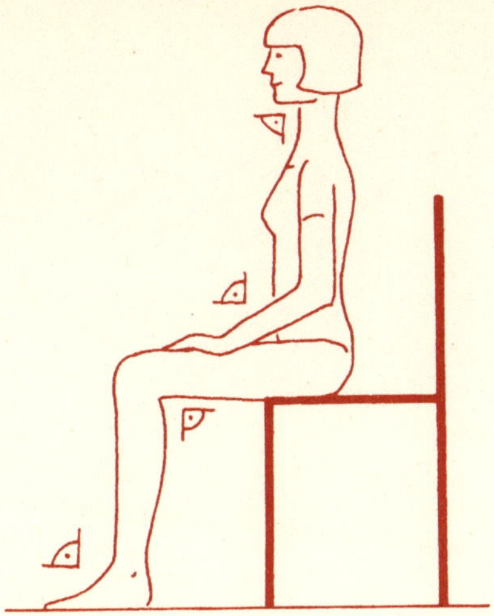

Wir unterscheiden vier Grundhaltungen:

Das Sitzen
Mit vier rechten Winkeln, vorne auf dem Stuhl, auf den Sitzbeinen, die Fersen etwas dichter zusammen als die Vorfüße.

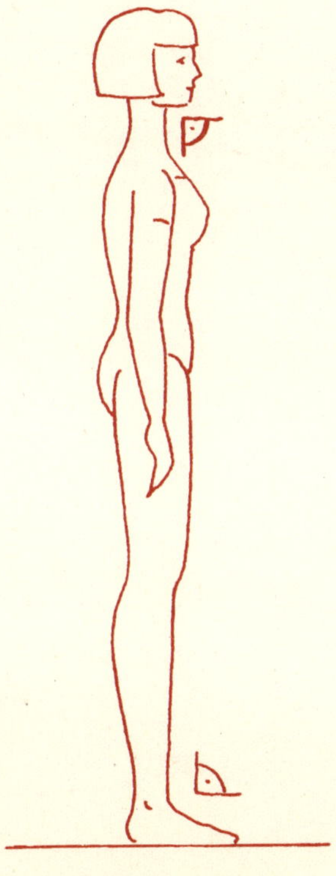

Das Stehen
Mit zwei rechten Winkeln, die Fersen etwas dichter zusammen als die Vorfüße.

Der Langsitz

Auf dem Boden sitzen, mit drei rechten Winkeln, die Fersen etwas dichter zusammen als die Vorfüße.

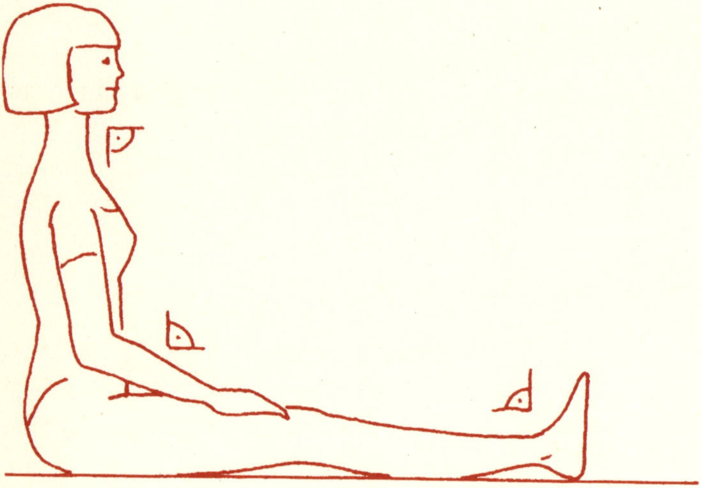

Das Liegen

Mit zwei rechten Winkeln, die Fersen etwas dichter zusammen als die Vorfüße.

Es gibt unzählige Ismakogie-Übungen. Einige davon wollen wir im nun folgenden Übungsteil beschreiben.

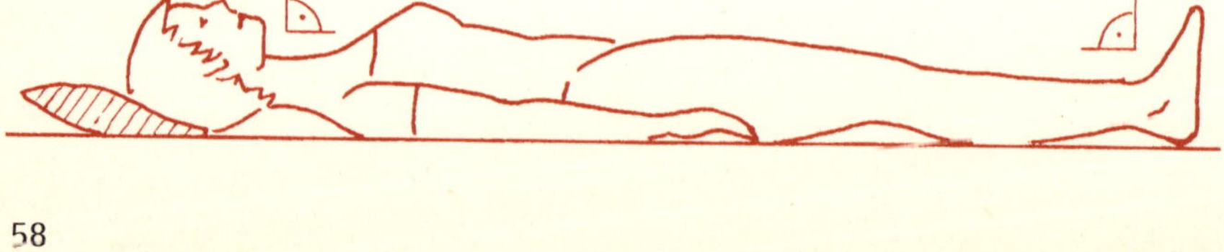

Die Füße

Ihre Füße bestehen aus lauter kleinen Knochen und Gelenken. Wenn diese zu wenig in Bewegung sind, bekommen Sie steife Füße, die Sie beim Laufen nicht mehr richtig abrollen können. Der ganze Körper neigt dann dazu, sich ebenfalls zu versteifen, weshalb Sie beginnen, ungelenk zu gehen. Deshalb ist es wichtig, die Füße geschmeidig zu halten.
Das Gegenteil von zu steifen Füßen wirkt sich ebenfalls negativ auf den Körper aus. Bei zu schwachen Fußmuskeln erschlafft auch der restliche Körper, vor allem die Beckenbodenmuskulatur. Zu schwache Fußmuskeln können auf die Dauer zu Senkfüßen und X-Beinen führen.

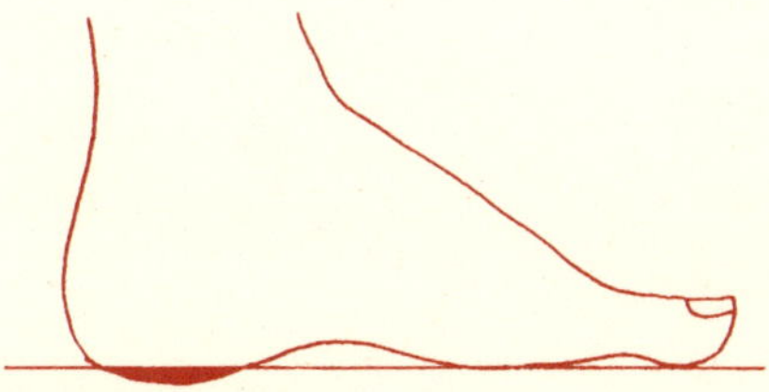

Übung 1

Setzen Sie sich richtig hin. Lassen Sie die Fersen auf dem Boden, und greifen Sie mit den Zehen nach hinten. Beugen Sie die Zehen so weit wie möglich.
Diese Übung stärkt die Fußmuskulatur und hält gleichzeitig die Gelenke geschmeidig. Außerdem beugen Sie damit der Bildung ei-

nes Hallux valgus vor, eines Höckers beim großen Zeh.
Diese Übung ist sehr gut für die Durchblutung der Füße. Ihre Füße werden dadurch warm! Nicht nur die Fußmuskulatur, sondern auch die Unterschenkelmuskeln arbeiten bei dieser Übung mit. Wenn Sie die Hände unterhalb der Knie auf die Unterschenkel legen, dann spüren Sie, wie sich die Muskeln unter Ihren Händen bewegen.

Übung 2

Versuchen Sie einmal, mit den Zehen ein Taschentuch, eine Socke oder einen Bleistift vom Boden aufzuheben.

Die Fußgewölbe

Bei einem gesunden Fuß haben die Kontaktpunkte Bodenkontakt, während die Fußgewölbe eine Art Brücke bilden. Das macht die Füße zu einer federnden Konstruktion, was dem Gehen zugutekommt. Ohne diese Federung käme es bei jedem Schritt über die Wirbelsäule zu einer Erschütterung des Kopfes.
Während Sie die Fußgewölbe nach oben drücken, spannen Sie die Beckenbodenmuskulatur an. Sie wird gewissermaßen ein wenig nach oben gezogen. Das geschieht auch mit dem Zwerchfell und dem Mundboden, was wiederum die Halsvorderseite und die Wangen beeinflusst.

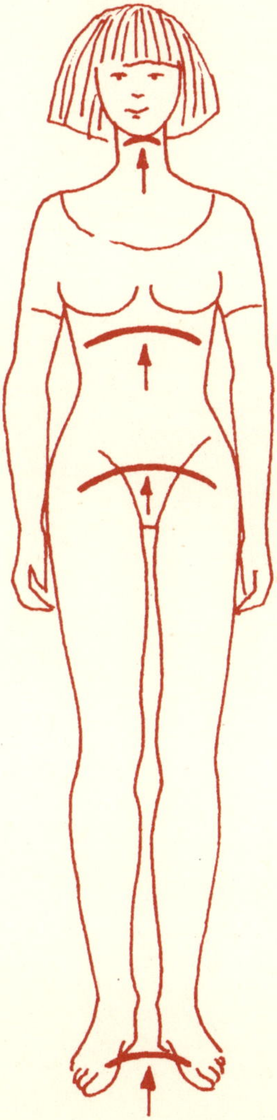

Übung 1

Stellen Sie sich richtig hin. Ziehen Sie die Zehen hoch. Spüren Sie, dass die vorderen Kontaktpunkte auf dem Boden stehen bleiben und das große Fußgewölbe sich hebt. Der Beckenboden und das Zwerchfell spannen sich an, und auch der Mundboden bewegt sich.

Übung 2

Denken Sie sich ein Band, das an Ihrem Spann befestigt ist, und versuchen Sie, damit Ihr Fußgewölbe zu heben. Drücken Sie die Zehen dabei nicht nach unten, weil Sie dann den Kontakt mit den vorderen Kontaktpunkten verlieren.

Übung 3

Setzen Sie sich richtig hin.
Knoten Sie 5 kräftige Gummibänder aneinander. Heben Sie den rechten Oberschenkel an, lassen Sie den Unterschenkel hängen. Setzen Sie die Mitte des rechten Fußes in das aneinander geknotete Gummiband und federn Sie den Fuß in dem Gummiband nach unten. Machen Sie dies einige Male, dann setzen Sie den Fuß neben den linken. Der Fuß, mit dem Sie in dem Gummiband gefedert haben, steht hoch auf dem Boden. Spüren Sie den Unterschied zum linken Fuß, der scheinbar flach auf dem Boden aufliegt.

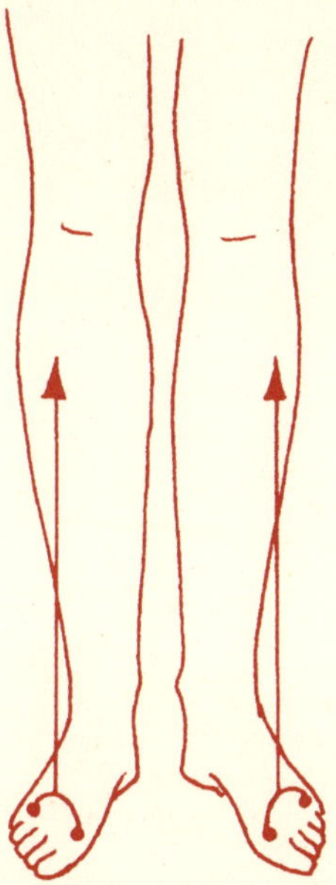

Übung 4

Bei einem Spreizfuß ist es wichtig, das Fußquergewölbe zu trainieren. Legen Sie den rechten Fuß auf das linke Knie und drücken Sie mit beiden Daumen das vordere Fußgewölbe nach innen, so dass Sie ein schönes Fußgewölbe bekommen.

Übung 5

Ziehen Sie mit einem imaginären Band das vordere quer verlaufende Fußgewölbe nach oben. Achten Sie darauf, dass der große und der kleine Zehenkontaktpunkt auf dem Boden bleiben.

Die Zehen

Geschmeidige Zehen sind für das Abrollen der Füße beim Gehen wichtig. Sie können die Wirkung der Übungen verstärken, indem Sie mit den Fingern das Gleiche tun wie mit den Zehen. Dadurch unterstützen sie sich gegenseitig, und die Muskelkette wird im ganzen Körper verfestigt.

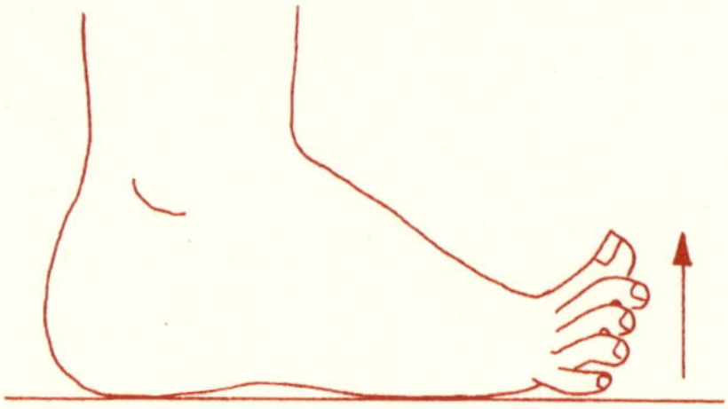

Übung 1

Spielen Sie mit den Zehen (den Fingern) Klavier.

Übung 2

Heben Sie alle Zehen so hoch wie möglich an, während die vorderen Kontaktpunkte auf dem Boden bleiben, und lassen Sie sie langsam wieder los. Spüren Sie, wie Sie gleichsam den ganzen Körper anheben, wenn Sie die Zehen hochziehen.

Übung 3

Spreizen Sie die Zehen so weit wie möglich. Es hilft, gleichzeitig die Finger zu spreizen. Auch hierbei streckt sich der gesamte Körper ein wenig.

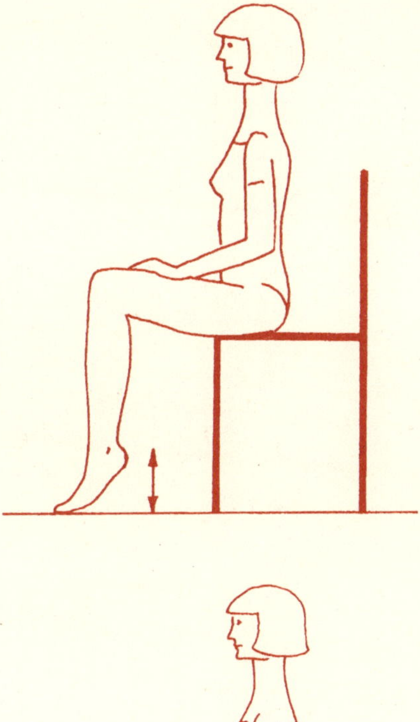

Die Fußgelenke

Außer geschmeidigen Füßen benötigen Sie auch geschmeidige Fußgelenke, um richtig zu gehen. Mit steifen Fußgelenken werden Sie auch steif gehen. Stellen Sie sich vor, Ihr Fuß wäre eingegipst. Gehen Sie in Gedanken herum, und spüren Sie, wie schwierig das Gehen ist. Bewegen Sie dann beim Gehen geschmeidig die Fußgelenke und spüren Sie den Unterschied.

Übung 1

Setzen Sie sich richtig hin.
Lassen Sie die vorderen Kontaktpunkte auf dem Boden stehen, heben Sie die rechte Ferse so weit wie möglich hoch und setzen Sie sie wieder ab. Heben Sie die linke Ferse so weit wie möglich hoch und setzen Sie sie wieder ab. Jetzt beide Fersen zugleich.

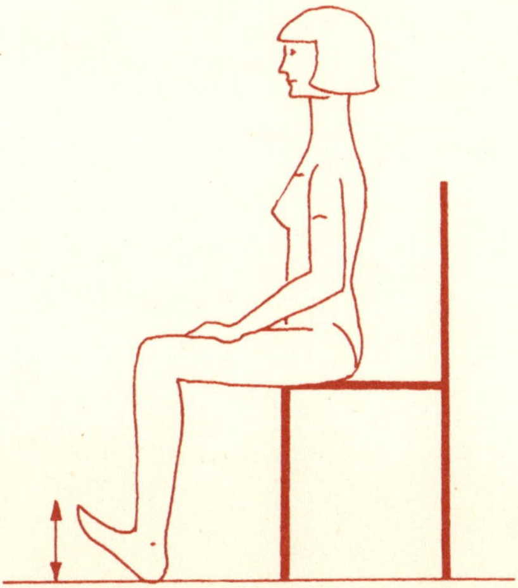

Übung 2

Heben Sie den rechten Vorfuß so weit wie möglich an, und setzen Sie ihn wieder ab. Heben Sie den linken Vorfuß so weit wie möglich an, und setzen Sie ihn wieder ab. Jetzt beide Vorfüße zugleich.

Übung 3

Heben Sie beide Fersen an. Setzen Sie sie nach rechts und wieder zurück. Setzen Sie sie nach links und wieder zurück.

Übung 4

Heben Sie beide Vorfüße an. Setzen Sie sie nach rechts und wieder zurück. Setzen Sie sie nach links und wieder zurück. Führen Sie diese Übungen mehrmals ruhig und sorgfältig aus.

Übung 5

Machen Sie das linke Bein zum Standbein. Heben Sie den rechten Oberschenkel an. Zeichnen Sie mit dem Fußgelenk Kreise. Setzen Sie das Bein wieder ab, und machen Sie die gleiche Übung mit dem linken Fußgelenk. Halten Sie den Unterschenkel so ruhig wie möglich und bewegen Sie das Fußgelenk.

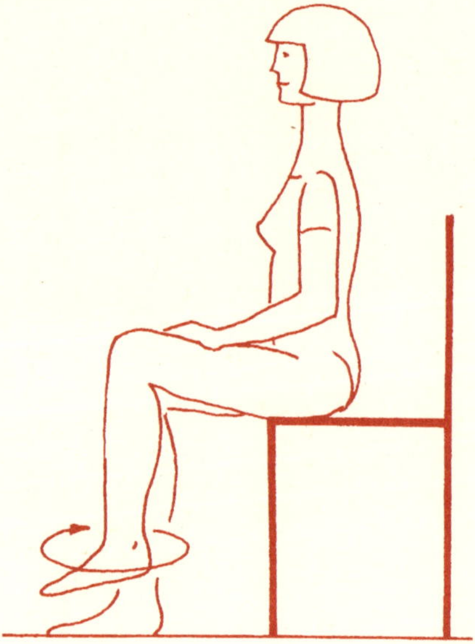

Die Knie

Der Stand des Kniegelenks beeinflusst die gesamte Körperhaltung. Kräftige Gelenkbänder und die Sehnen der Ober- und Unterschenkelmuskulatur helfen, Ihre Knie zu schützen. Sie sind empfindlich, weil das Kniegelenk nur eine Bewegungsform erlaubt: das Beugen und Strecken. Die meisten Knieprobleme entstehen durch Verdrehen, wodurch die Kniebänder und der Meniskus beschädigt werden können.

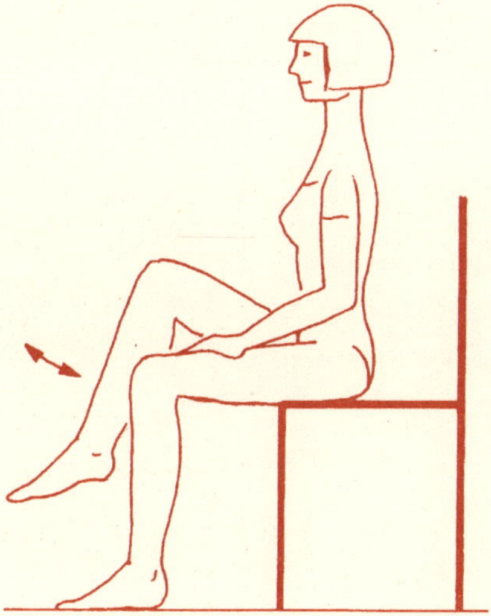

Übung 1

Setzen Sie sich richtig hin. Machen Sie das linke Bein zum Standbein. Heben Sie Ihr Bein mit dem rechten Oberschenkel an. Lassen Sie den Unterschenkel sanft vor und zurück schwingen. Jetzt das linke Bein.

Übung 2

Stellen Sie sich richtig hin. Schieben Sie mit dem rechten Knie einen imaginären Pingpongball nach vorne. Jetzt mit dem linken Knie.

Übung 3

Drücken Sie sanft und rhythmisch mit den Kniekehlen einen imaginären Luftballon ein. Spüren Sie, wie die Lendenwirbel sich sanft mitbewegen. Spüren Sie auch, dass sich die Halswirbel mitbewegen?

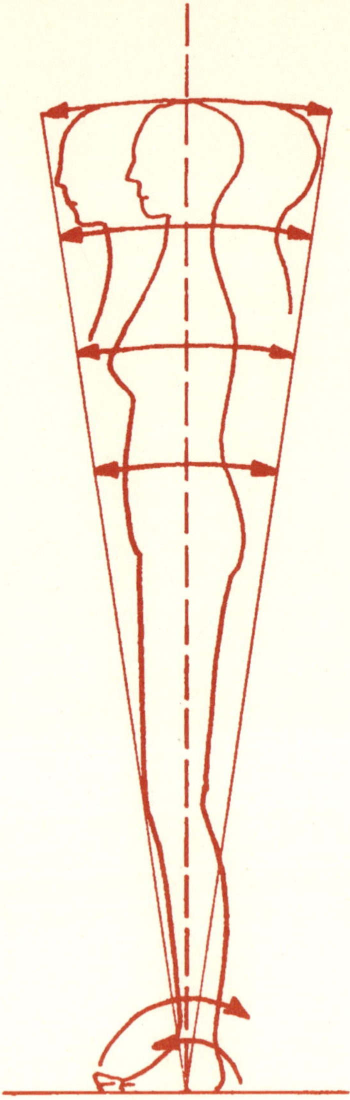

Übung 4

Verlagern Sie Ihr Körpergewicht von den Fersen auf die vorderen Kontaktpunkte und wieder zurück. Dadurch entsteht eine wiegende Bewegung. Wenn Sie nach hinten schwingen, dann werden die Knie sanft gestreckt. Wenn Sie nach vorne schwingen, dann fließt die Muskelspannung wieder zurück.

Die Oberschenkel

Bei Zellulitis oder Orangenhaut entstehen in der Haut kleine Gruben, was sie aussehen lässt wie Orangen. Bewegungsmangel ist eine wichtige Ursache. Wenn Sie darunter leiden, können Sie Salben verwenden oder sich massieren lassen. Das sind passive Maßnahmen, bei denen Sie selbst nichts zu tun brauchen, es wird für Sie getan. Besser ist es, aktiv vorzugehen.
Außerdem ist es wichtig, die Oberschenkelmuskeln zu trainieren, denn wenn sie erschlaffen, leiden die Hüft- und Kniegelenke stärker. Sie trainieren sie bereits, indem Sie bewusst gehen, sich hinsetzen und aufstehen. Treppensteigen ist ebenfalls geeignet und zugleich gut für die allgemeine Ausdauer.

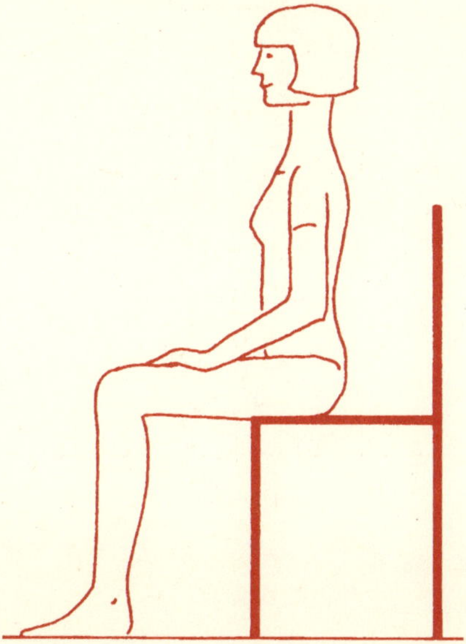

Übung 1

Setzen Sie sich richtig hin.
Legen Sie die Hände auf die Oberschenkel und spannen Sie die Oberschenkelmuskulatur an. Machen Sie diese Übung abwechselnd rechts und links. Spüren Sie, dass der ganze Körper dabei

in Bewegung kommt. Ihre Kontaktpunkte federn gleichzeitig gegen den Boden.

Übung 2

Machen Sie das linke Bein zum Standbein. Heben Sie den rechten Oberschenkel an, wobei Sie den Fuß horizontal mit hochnehmen. Setzen Sie den Fuß auf den Boden. Setzen Sie beim Absetzen zuerst die Ferse auf den Boden. Machen Sie jetzt das Gleiche mit dem linken Bein. Wenn Sie diese Übung langsam ausführen, spüren Sie, dass sich auch die Muskeln im Standbein anspannen.
Wenn Sie zum Beispiel mit einem imaginären Seil das rechte Bein mit der rechten Hand anheben, dann fällt Ihnen diese Übung leichter. Drehen Sie die Hand um, dann wird die Übung schwieriger. Es hat den Anschein, als drückte Sie das Bein nach unten.

Übung 3

Stellen Sie sich vor, Sie hielten einen Ballon zwischen den Oberschenkeln. Drücken Sie beide Oberschenkel gegen diesen Widerstand nach innen. Ihre Knie verharren mehr oder weniger an der gleichen Stelle. Diese Übung eignet sich für die Innenseiten der Oberschenkel.

Das Hüftgelenk

Der Stand der Füße beim Sitzen und Gehen beeinflusst den Stand der Hüfte. Wenn er richtig ist, stehen die Fersen nebeneinander und die Vorfüße zeigen leicht nach außen.
Setzen Sie die Fersen auseinander, verbreitern Sie buchstäblich die Hüften. Erspüren Sie den Unterschied, wenn Sie mit aneinandergelegten Knien und mit aus-

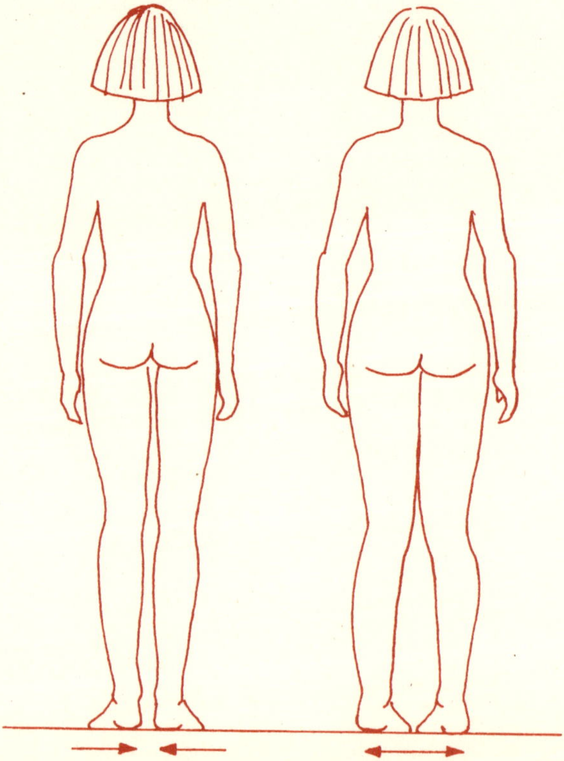

einandergesetzten Fersen sitzen und umgekehrt: Knie auseinander und Fersen aneinander. Fühlen Sie den Unterschied mit den Händen an der Hüfte. Wenn Sie auf einem Bein stehen, dann hängen Sie im Hüftgelenk und verursachen eine seitliche Krümmung der Wirbelsäule. Wenn Sie die Füße unter das Hüftgelenk setzen, dann ist das Körpergewicht auf beide Beine gleichmäßig verteilt und belastet nicht eine Seite übermäßig.

Übung 1

Setzen Sie sich richtig hin.
Drücken Sie zuerst das rechte Sitzbein nach unten gegen den Stuhl, dann das linke Sitzbein. Drücken Sie jetzt abwechselnd das rechte und das linke Sitzbein auf den Stuhl, so dass Sie mit den Hüften wiegen.

Übung 2

Drücken Sie das rechte Knie nach vorne, und lassen Sie die Bewegung zurückfließen. Jetzt das linke Knie, und dann rechts und links abwechselnd. Machen Sie parallel dazu das Gleiche mit den

Händen, so dass sich der ganze Körper bewegt. Indem Sie das Schultergelenk mitbewegen, verstärken Sie die Übung für das Hüftgelenk.

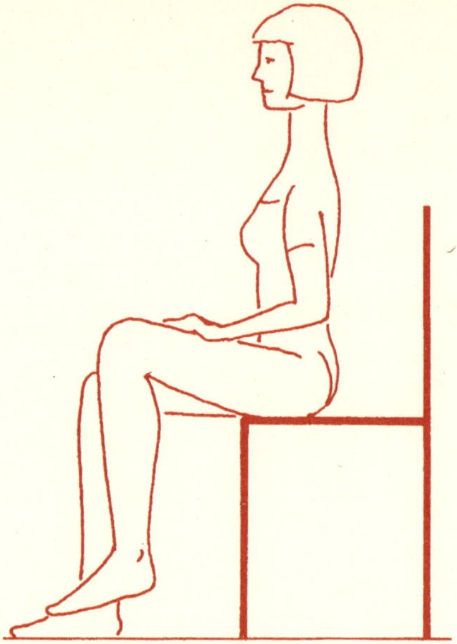

Übung 3

Machen Sie das linke Bein zum Standbein. Heben Sie den rechten Oberschenkel an. Setzen Sie ihn wieder ab. Sie bewegen damit den Kopf des Oberschenkelknochens in der Hüftgelenkspfanne. Jetzt der linke Oberschenkel.

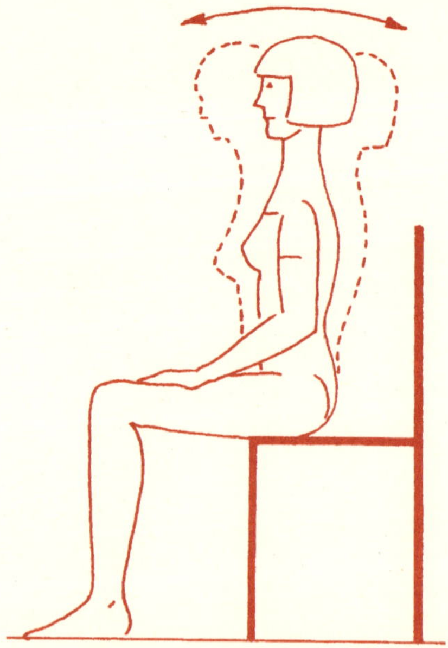

Übung 4

Schwingen Sie den Oberkörper ein wenig nach vorne und wieder zurück. Achten Sie darauf, dass die Wirbelsäule und der Kopf dabei eine gerade Linie bilden.
Sie bewegen die Hüftgelenkspfanne um den Kopf des Oberschenkelknochens. Sie spüren den Unterschied zwischen Übung 3 und Übung 4, weil unterschiedliche Muskelgruppen aktiviert werden.

Der Beckenboden

Den Beckenboden können Sie als eine Art Hängematte betrachten, die den Bauchinhalt stützt. In dieser Hängematte gibt es Öffnungen, die trotz der Ringmuskeln die Schwachpunkte des Beckenbodens darstellen. Mit den Übungen lassen sich die Beckenbodenmuskulatur und die Ringmuskulatur trainieren.
Sie können den Beckenboden als eine Einheit anspannen oder den Akzent auch auf die Muskeln um die Vagina, die Ringmuskeln der Harnröhre oder des Anus legen.

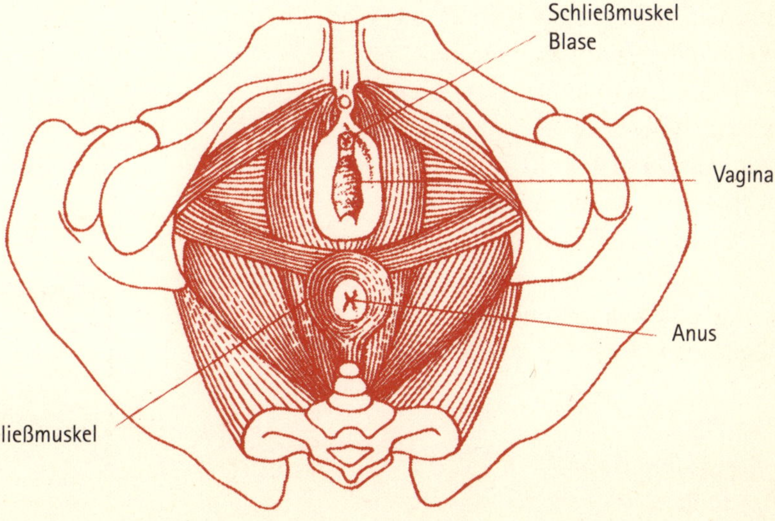

Am leichtesten lässt sich der Ringmuskel um den Anus aktivieren. Bei Frauen sind die beiden vorderen Muskeln wichtig, um einer Senkung und Inkontinenz vorzubeugen.
Übungen für den Beckenboden beeinflussen die Gesichtsmuskeln, vor allem den Mundboden.

Übung 1

Setzen Sie sich richtig hin. Ziehen Sie den Ringmuskel um den Anus zusammen und ein wenig nach oben. Ziehen Sie die Muskeln um die Vagina zusammen und ein wenig nach oben. Ziehen Sie die Muskeln um die Harnröhre zusammen und ein wenig nach oben. Es ist wichtig, diese Übungen täglich auszuführen. Sie können Sie auch unbeobachtet machen, zum Beispiel während Sie irgendwo warten müssen.
Achten Sie darauf, dass die Oberschenkel dabei nicht gegeneinander drücken und spannen Sie nicht die Gesäßmuskulatur an, sondern fangen Sie innen an.

Übung 2

Führen Sie Übung 1 auch einmal im Stehen oder Liegen aus. Dann steht der Beckenboden anders und die Übung wirkt anders.

Übung 3

Setzen Sie sich richtig hin.
Drücken Sie beide Zehenkontaktpunkte gegen den Boden. Halten Sie alle Kontaktpunkte am Boden. Achten Sie auf die Innenseite der Oberschenkel, die Ringmuskeln und das Gesicht. Jedes Mal, wenn Sie die Kontaktpunkte auf den Boden drücken, spüren Sie, wie sich der Beckenboden anspannt.

Übung 4

Stellen Sie sich richtig hin.
Ziehen Sie die Innenseite der Fußgelenke an einem gedachten Faden entlang der Innenseite der Beine nach oben und fühlen Sie, wie sich der Beckenboden anspannt.

Der Bauch

Wir wünschen uns alle einen flachen Bauch. In unseren Kursen hören wir oft, dass Bauchmuskelübungen gern gemacht werden. Wenn Sie der Meinung sind, dass Sie einen dicken Bauch haben, dann überprüfen Sie einmal, wie Sie stehen. Ein hervorgewölbter Bauch ist oft die Folge eines falschen Beckenstands. Setzen Sie sich auf die Sitzbeine oder dahinter? Stehen Sie auf einem Bein oder auf beiden? Kontrollieren Sie, ob die Fersen enger beieinander stehen als die Vorfüße. Überprüfen Sie, ob die Schultern vornüber hängen, vielleicht erscheint Ihr Bauch auch dicker, weil Sie ein Hohlkreuz haben.

Stellen Sie sich aufrecht auf beide Beine, dann merken Sie bereits den Unterschied.

Setzen Sie sich auf die Sitzknochen und spüren Sie den Unterschied im Bauch.

Früher trugen Frauen ein Korsett, das den Bauch an seinem Platz hielt. Nach außen hin sah es prächtig aus, aber ohne Korsett war alles zusammengesunken und schlaff. Trägt man ein Korsett, brauchen die Muskeln nichts

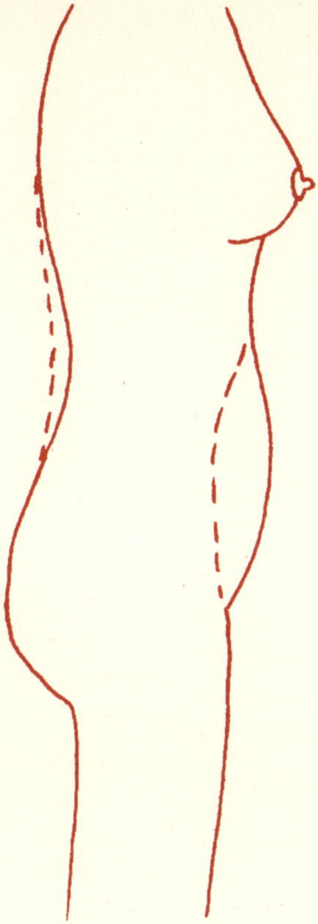

zu tun. Vergleichen Sie das mit einem Bein, das eingegipst gewesen ist. Wenn der Gips entfernt wird, ist alles schlaff. Die Spannkraft der Muskeln lässt nach, wenn sie nicht benutzt werden.
Mit den Übungen formen wir uns ein eigenes Korsett, indem wir unsere Bauchmuskeln in Form halten. Spannen Sie sie bei jeder Bewegung, die Sie machen, an und lassen Sie sie wieder los. Dieser Wechsel ist wichtig, weil es nicht gut ist, den Bauch ständig hängen zu lassen beziehungsweise ihn die ganze Zeit einzuziehen, weil das die Bauchatmung beeinträchtigt.
Machen Sie die Übungen langsam und fließend.
Es ist möglich, die Bauchmuskeln einzeln zu trainieren.

Übung 1

Setzen Sie sich richtig hin. Stellen Sie sich einen Ballon vor, den Sie mit den Händen halten. Drücken Sie den Ballon gegen den Bauch. Die Bauchmuskeln spannen sich an, während Sie ausatmen. Federt der Ballon zurück, lassen Sie die Spannung zurückfließen.

Übung 2

Stellen Sie sich richtig hin. Dies ist eine Übung für die rechten Bauchmuskeln. Ziehen Sie den imaginären Reißverschluss einer zu engen Hose zu. Sie ziehen gleichsam Ihr Schambein in Richtung Brustbein und atmen aus. Lassen Sie die Bewegung wieder zurückfließen.

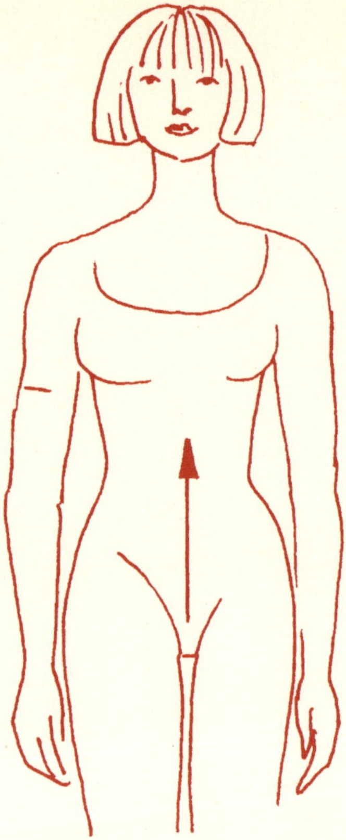

Übung 3

Stellen Sie sich richtig hin.
Dies ist eine Übung speziell für die schräge Bauchmuskulatur und eine schlanke Taille.
Halten Sie den Oberkörper mehr oder weniger still und schieben Sie die Hüfte abwechselnd rechts und links nach vorne und nach hinten.

Übung 4

Dies ist eine Übung für die quergestreiften Bauchmuskeln. Halten Sie die Hände parallel vor dem Bauch und drücken Sie einen imaginären Ballon ein. Fühlen Sie, wie die Bauchmuskeln sich anspannen, das Becken kippt, die Lendenwirbel sich nach hinten und ihr Bauch sich nach innen bewegt. Vergessen Sie nicht auszuatmen. Lassen Sie die Bewegung wieder zurückfließen.

Übung 5

Setzen Sie sich richtig auf den Boden. Halten Sie sich an einem gedachten Seil fest, während Sie sich langsam hinlegen. Halten Sie nicht den Atem an, sondern atmen Sie aus.
Wenn Sie liegen, heben Sie zuerst den Kopf an, danach ziehen Sie sich an dem gedachten Seil hoch. Auch hierbei wieder ausatmen.
Sich hochzuziehen ist schwieriger, weil Sie sich gegen die Erdanziehungskraft bewegen. Wenn es nicht klappt, lassen Sie jemanden Ihre Füße festhalten.
Diese Übung ist zu schwer, wenn Sie unter Rückenproblemen leiden oder eine sehr schwache Bauchmuskulatur haben.

Das Gesäß

Sie benötigen Ihre Gesäßmuskulatur, um das Hüftgelenk zu strecken; außerdem ist es natürlich schön, feste Pobacken zu haben.

Wenn Sie die Lendenwirbel nach hinten drücken, spannen sich auch die Gesäßmuskeln an. Achten Sie darauf, dass Sie nicht zuerst die Gesäßmuskeln anspannen, denn das führt zu einer Blockade im unteren Rücken.

Übung 1

Setzen Sie sich richtig hin. Schieben Sie in Gedanken die Sitzbeine aufeinander zu. Spüren Sie, wie die Gesäßmuskulatur sich anspannt, die Kontaktpunkte gegen den Boden drücken, der Beckenboden sich hebt, die Bauchmuskeln sich anspannen, die Wirbelsäule sich streckt und die Gesichtsmuskulatur aktiviert wird.

Legen Sie bei dieser Übung die Hände auf die Hüften, dann können Sie fühlen, dass die Pobacken und die Hüfte schmaler wird.

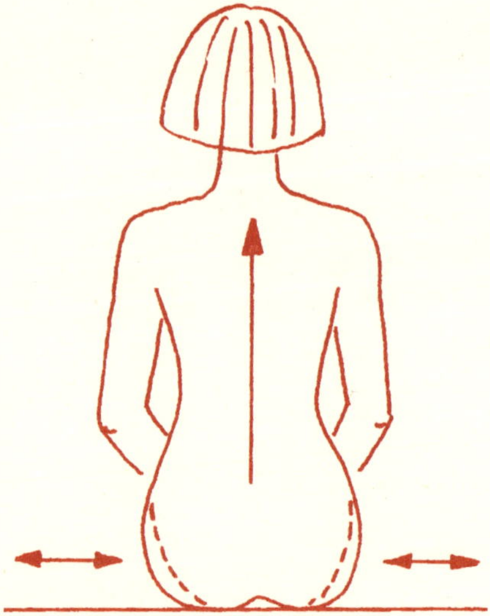

Übung 2

Gehen Sie eine Treppe richtig hoch (vgl. »Das Gehen«, S. 37 ff.).

Übung 3

Stehen Sie richtig von einem Stuhl auf (vgl. »Das Aufstehen und Hinsetzen«, S. 34ff.).

Die Brüste

Ihre Brüste bestehen aus Fett- und Drüsengewebe, da gibt es wenig zu trainieren. Der Stand Ihrer Schultern beeinflusst jedoch die Haltung der Brüste.
Wenn Sie Ihre Schultern seitlich halten, werden die Brüste gleichsam getragen. Auf diese Weise erscheinen Sie von vorne breit, während von hinten der Rücken schmal ist. So erhalten Sie ein schönes Dekolleté.

Hängende Schultern

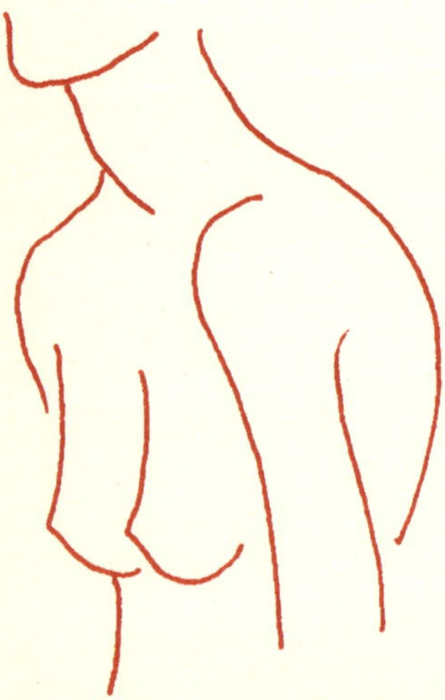

Schultern seitlich

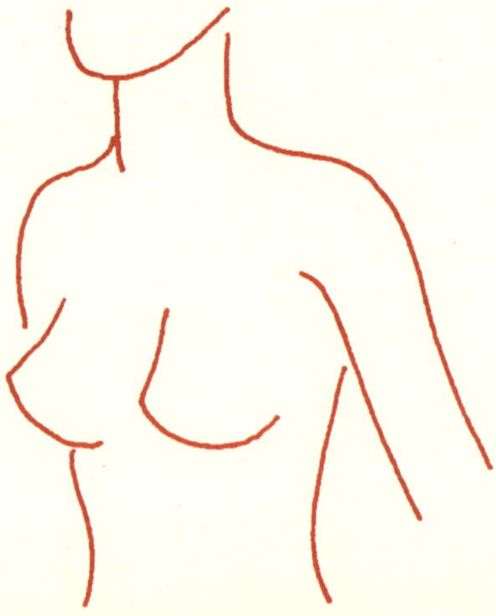

Übung 1

Setzen Sie sich richtig hin. Streichen Sie mit den Fingerspitzen am Dekolleté entlang nach außen bis zu den Schultern.

Übung 2

Lassen Sie die Arme neben dem Körper herabhängen, und drehen Sie die Handflächen nach vorne. Lassen Sie die Bewegung wieder zurückfließen. Spüren Sie, wie Ihre Brüste hochgehoben werden und sich der Rücken verschmälert.

Übung 3

Halten Sie die Hände mit den Handflächen zu den Brüsten, und drücken Sie einen imaginären Ballon ein. Spüren Sie, wie Ihre Brüste sich anspannen.

Übung 4

Legen Sie beide Hände vor der Brust aneinander. Federn Sie beide Hände kräftig gegeneinander. Verstärken Sie gleichzeitig den Bodenkontakt. So gelangen Sie in eine vollständige Streckung. Lassen Sie die Bewegung zurückfließen.

Übung 5

Ziehen Sie mit der rechten Hand eine Linie von der rechten Brustwarze zur rechten Schulter. Machen Sie das auch links. Spüren Sie Ihre Brust- und Rückenmuskeln, die hierbei mitarbeiten.

Die Wirbelsäule

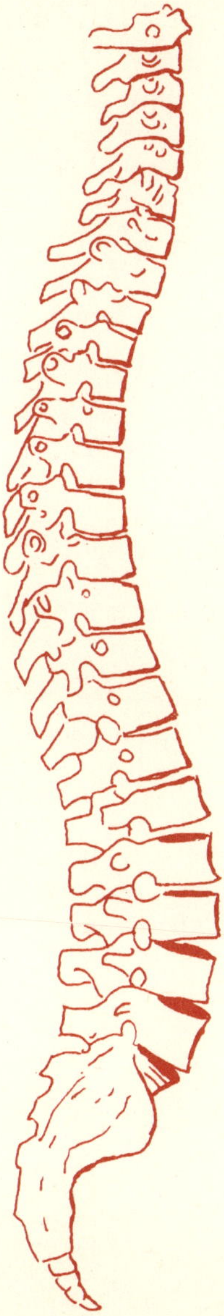

Wirbelsäule

Die Wirbelsäule ist gewissermaßen ein Ständer, der den Körper stützt. Ein unbeweglicher Ständer schränkt Sie in Ihren Bewegungen ein, deshalb ist die Beweglichkeit der Wirbelsäule genauso wichtig wie die Stützfunktion.
Der Stand der Wirbelsäule wirkt sich sehr auf den Becken- und Schultergürtel aus. Das sehen Sie zum Beispiel bei schiefen Schultern oder einem krummen Rücken.
Die natürlichen Krümmungen der Wirbelsäule sind für ein federndes Gehen und Sitzen notwendig. Die Wirbelsäule wird oft überlastet, unter anderem dann, wenn man in sich zusammensinkt oder ein Hohlkreuz macht. Bei den Übungen korrigieren wir jedes Mal durch eine kleine Streckung den Stand der Wirbelsäule. Je länger Sie Ismakogie betreiben, desto deutlicher werden Sie spüren, dass Sie bei allen Übungen die Wirbelsäule ein wenig strecken, wodurch die Bandscheiben mehr Platz bekommen. Auch das hilft gegen das »In-sich-Zusammensinken«.

Übung 1

Legen Sie sich richtig hin.

Ziehen Sie nacheinander die Knie an, und lassen Sie dabei die Füße auf dem Boden. Drücken Sie die Lendenwirbel gegen den Boden und lassen Sie die Bewegung zurückfließen.

Übung 2

Drücken Sie das Steißbein in Richtung Schambein. Spüren Sie, wie die Lendenwirbel gegen den Boden drücken und Ihr Bauch sich zurückzieht. Lassen Sie die Bewegung zurückfließen.

Übung 3

Strecken Sie beide Beine, während Sie auf dem Boden liegen. Stellen Sie sich vor, Sie hätten am Fußende ein Brett. Drücken Sie die Fersen gegen das Brett. Überprüfen Sie, ob die Lendenwirbel gegen den Boden federn. Lassen Sie die Bewegung zurückfließen und fühlen Sie, dass die Wirbelsäule von selbst wieder ihre natürliche Position einnimmt.

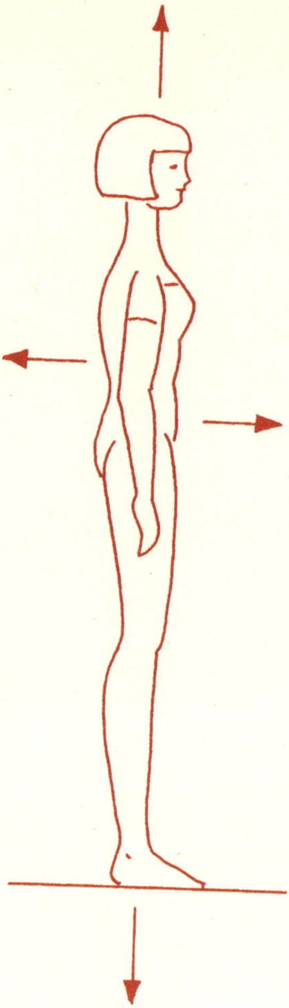

Übung 4

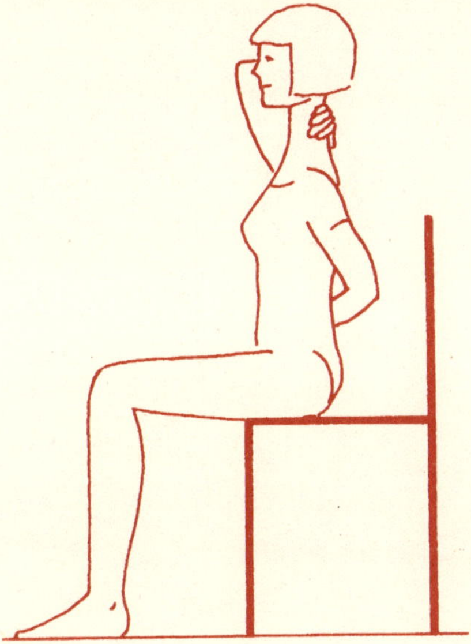

Übung 4

Stellen Sie sich richtig hin.

Drücken Sie nun die Fersen in den Boden und gleichzeitig die Lendenwirbel nach hinten. Lassen Sie die Bewegung wieder zurückfließen.

Übung 5

Setzen Sie sich richtig hin.

Drücken Sie wie in Übung 4 die Fersen in den Boden und die Lendenwirbel nach hinten. Lassen Sie die Bewegung wiederum zurückfließen.

Die gerade aufgeführten Übungen für die Wirbelsäule eignen sich besonders, um deren Streckung zu trainieren.

Um den Oberkörper drehen zu können, müssen Sie auch die Wirbelsäule drehen können. Dafür eignet sich vor allem die folgende Übung:

Übung 6

Stellen Sie sich richtig hin.

Lassen Sie die Arme am Körper herabhängen. Drehen Sie die

Schultern links und rechts so weit wie möglich nach hinten und lassen Sie dabei die Arme mitschwingen.
Anne Seidel nannte diese Übung den »Kinderschwung«. Der Kopf dreht mit, und Ihr Blick wandert horizontal auf einer Linie. Dies ist zugleich eine Übung für eine schlanke Taille.

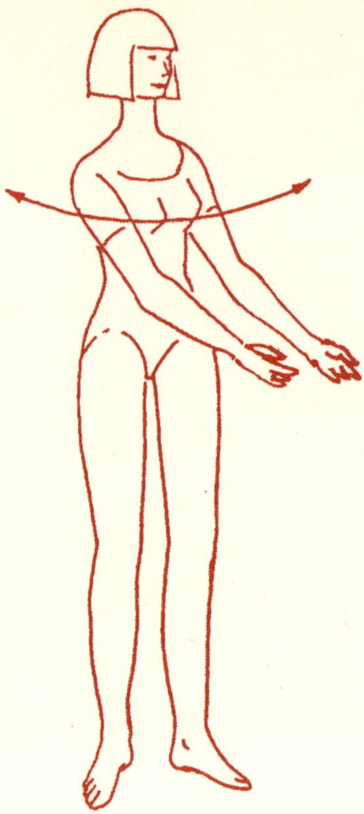

Die Schultern

Ihr Schultergelenk ist im Prinzip ein sehr bewegliches Gelenk, aber es ist häufig durch verkrampfte Schultern etwas steif. Wenn das der Fall ist, sollten Sie keine schweren Übungen ausführen, sondern nur solche, durch die das Schultergelenk gelockert wird. Sie beginnen mit kleinen Übungen, um die Beweglichkeit zu vergrößern. Dann erweitern Sie die Übungen immer mehr.

Es ist wichtig, dass Sie sich den Stand Ihrer Schultern bewusst machen. Hochgezogene Schultern verursachen Nackenprobleme, und

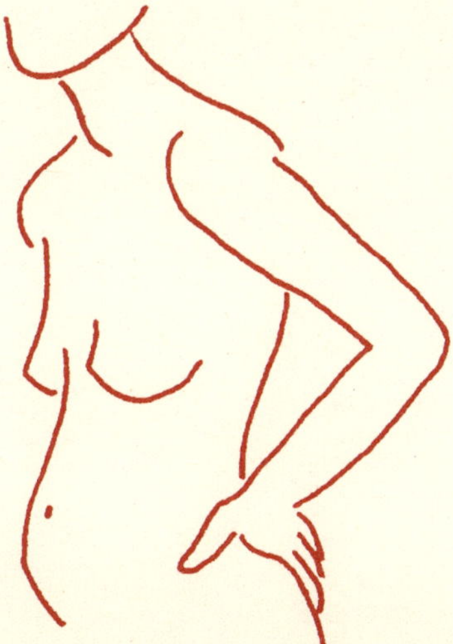

Nach vorne hängende Schultern

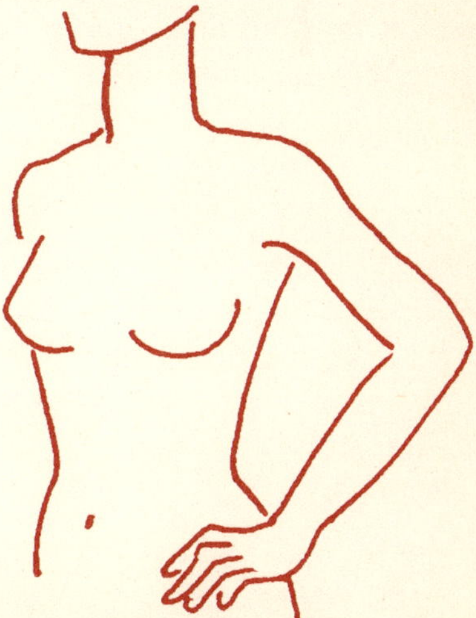

Schöne Schultern

wenn Sie die Schultern nach vorne drehen, dann entsteht ein breiter krummer Rücken.
Wenn Ihre Arme herabhängen, sollten die Handflächen zum Körper zeigen. Hängen die Schultern nach vorne, dann drehen die Handflächen nach hinten.

Übung 1

Setzen Sie sich richtig hin. Lassen Sie die Arme herabhängen und schwingen Sie sie locker hin und her.

Übung 2

Malen Sie aus dem Schultergelenk heraus mit dem ganzen Arm eine Acht nach der andern.

Übung 3

Lassen Sie die Arme herabhängen. Drücken Sie die Finger nach unten. Die Schultern machen die Bewegung mit. Lassen Sie die Bewegung zurückfließen.

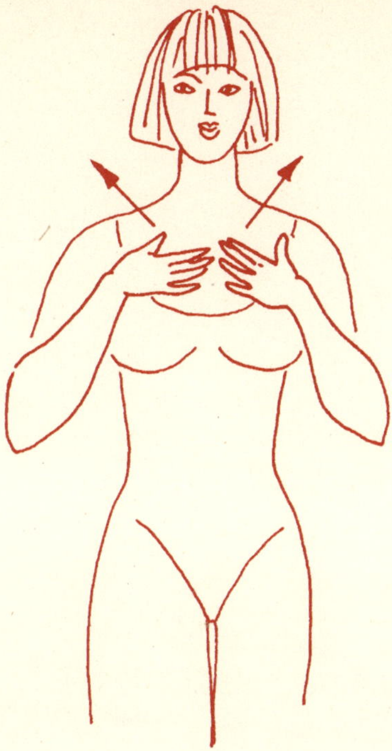

Übung 4

Streichen Sie mit den Fingerspitzen über Ihr Dekolleté an den Schulterhöhen vorbei zur Seite. Machen Sie die Bewegung breit und groß. Fühlen Sie, dass es eine gute Übung ist, um einem runden Rücken zu begegnen.

Die Arme

Die Muskeln an der Innenseite der Oberarme neigen dazu, bei zunehmendem Alter zu erschlaffen. Bei Alltagstätigkeiten bewusst die Oberarmmuskulatur einzusetzen hilft, dieser Erschlaffung zuvorzukommen.
Legen Sie die Hände auf die Oberschenkel. Spüren Sie, wie Sie die Oberschenkel anspannen. Das können Sie auch mit den Oberarmen.
Halten Sie die Hände vor dem Bauch. Versuchen Sie, keine Faust zu machen. Spannen Sie jetzt bewusst die Oberarmmuskeln an, und lassen Sie die Bewegung wieder zurückfließen. Spüren Sie, wie Brust- und Rückenmuskulatur mitarbeiten und sich die Schulterblätter bewegen.

Übung 1

Setzen Sie sich richtig hin. Halten Sie einen gedachten Ballon zwischen den Oberarmen und dem Oberkörper. Drücken Sie den Ballon mit den Oberarmen ein. Überprüfen Sie, ob Sie bei dieser Übung wirklich die Oberarmmuskulatur einsetzen.

Übung 2

Stellen Sie sich richtig hin. Strecken Sie die Arme seitlich in Schulterhöhe aus. Halten Sie die Schultern unten.
Strecken Sie jetzt beide Mittelfinger und aktivieren Sie alle Armmuskeln. Überstrecken Sie den Ellenbogen nicht, sondern halten Sie ihn leicht gebeugt. Lassen Sie die Bewegung zurückfließen.

Übung 3

Strecken Sie die Arme seitlich in Schulterhöhe aus, die Ellenbogen sind dabei leicht gebeugt. Drehen Sie abwechselnd die Handflächen nach oben und nach unten. Drehen Sie dann die Handflächen

nach oben, indem Sie die Daumen nach außen drehen und gleichzeitig die kleinen Finger strecken. Lassen Sie die Bewegung zurückfließen.

Übung 4

Ziehen Sie zuerst die Oberarme hoch und danach die Handgelenke. Bewegen Sie dann die Oberarme nach unten und danach die Handgelenke. Bewegen Sie sich so flüssig wie möglich. Machen Sie mit den ganzen Armen Flugbewegungen.

Die Handgelenke

Es ist wichtig, die Handgelenke geschmeidig zu erhalten. Steife Handgelenke beeinträchtigen die Bewegungen von Armen und Händen.

Übung 1

Halten Sie die Unterarme fest, so ruhig wie möglich, und schlagen Sie mit den Handgelenken Kreise.

Übung 2

Schlagen Sie Kreise mit dem Handgelenk und lassen Sie die Bewegung immer größer werden. Fühlen Sie, wie das Schultergelenk und die Armmuskeln bei diesem Dirigieren mitmachen.

Übung 3

Drehen Sie einen imaginären Wasserhahn auf und zu.

Die Hände und Finger

Wir machen Übungen mit den Händen und Fingern, um sie geschmeidig zu erhalten. Die natürliche Handhaltung ist leicht gebeugt. Wenn die Hände steifer werden, werden sie meistens immer krummer. Deshalb ist es sinnvoll, mit den Händen und Fingern viele Streckübungen auszuführen.

Übung 1

Setzen Sie sich richtig hin.
Strecken Sie schnell die Hände und Finger, und lassen Sie die Bewegung zurückfließen. Wiederholen Sie diese Übung mehrmals.

Übung 2

Spielen Sie in Gedanken Klavier. Berühren Sie die Tasten mit allen Fingern.

Übung 3

Beugen Sie alle Finger, so dass die Fingerspitzen gegen den Handballen federn.

Übung 4

Legen Sie die Fingerspitzen aneinander. Die Ellenbogen befinden sich seitlich, und nun drücken Sie die Finger gerade. Wenn Sie dies langsam machen, spüren Sie, dass sich die Oberarm-, Brust- und Rückenmuskeln mitbewegen.

Übung 5

Reiben Sie die Handballen aneinander, so dass Sie sie deutlich spüren. Die Finger und Handflächen dürfen sich dabei nicht berühren.

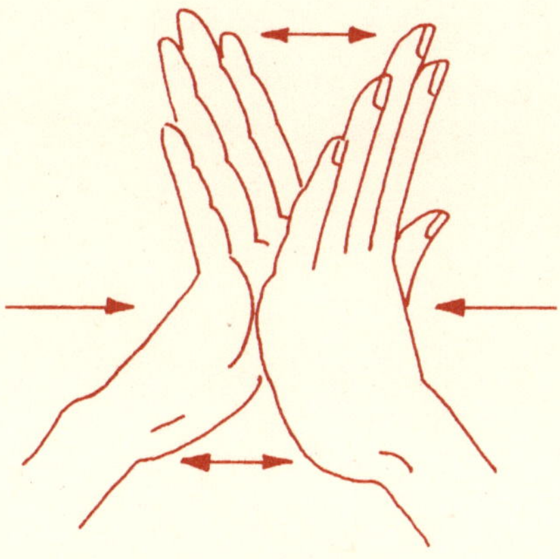

Übung 6

Federn Sie wiederholt mit den Handballen gegeneinander. Jedes Mal strecken sich Ihre Hände ein bisschen. Dies ist eine schöne Übung für geschmeidige Hände.

Der Hals

Die Position von Kopf und Hals wird durch die Halsmuskulatur positiv oder negativ beeinflusst. Wenn Sie Ihr Kinn nach vorne schieben, dann werden die Halsmuskeln zusätzlich belastet, was zu Verkrampfungen und auch zu Kopfschmerzen führen kann.
Es ist wichtig, richtig auf den Sitzbeinen zu sitzen, wenn Sie die Wirbelsäule und die Halswirbel strecken. Im Halsbereich befinden sich die beweglichsten Wirbel. Bei Ismakogie-Übungen strecken wir sanft den Hals, so dass ein bewegliches Gleichgewicht ent-

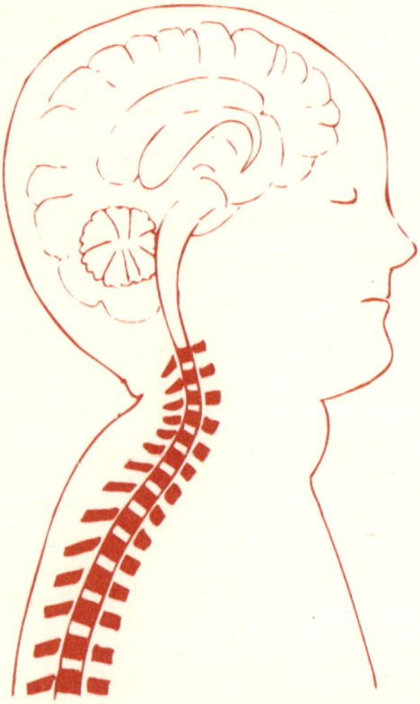

Kurzer Hals

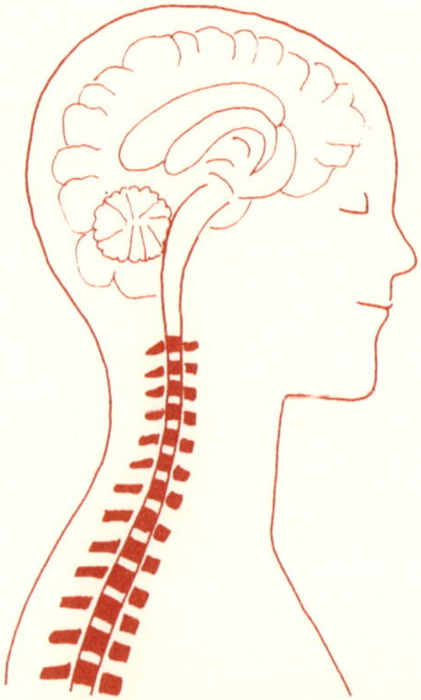

Langer Hals

steht. Auf diese Weise können Sie verkrampften Muskeln und steifen Halswirbeln vorbeugen. Das bewegliche Gleichgewicht ist auch besser für die Durchblutung des Gehirns. Außerdem ist ein langer Hals sehr schön. Stellen Sie sich vor, Sie trügen einen Hut mit breiter Krempe. Spüren Sie, wie bereits der Gedanke daran Ihre Haltung verändert.

Übung 1

Setzen Sie sich richtig hin und bleiben Sie aufrecht sitzen. Neigen Sie den Kopf, so dass er nach vorne hängt und die Halsmuskulatur gedehnt wird. Lassen Sie den Kopf hängen, und schütteln Sie sanft den Kopf hin und her, als wollten Sie »Nein, nein« sagen. Heben Sie dann den Kopf langsam wieder an, indem Sie die Halswirbel einen nach dem anderen gleichsam wieder aufeinandersetzen.

Übung 2

Strecken Sie den Scheitel in Richtung Decke, und drücken Sie gleichzeitig die Schultern nach unten. Spüren Sie, dass der Hals gestreckt wird. Sie können die Übung verstärken, indem Sie gleichzeitig die Fersenkontaktpunkte nach unten drücken. Fühlen Sie die Muskelkette im ganzen Körper.

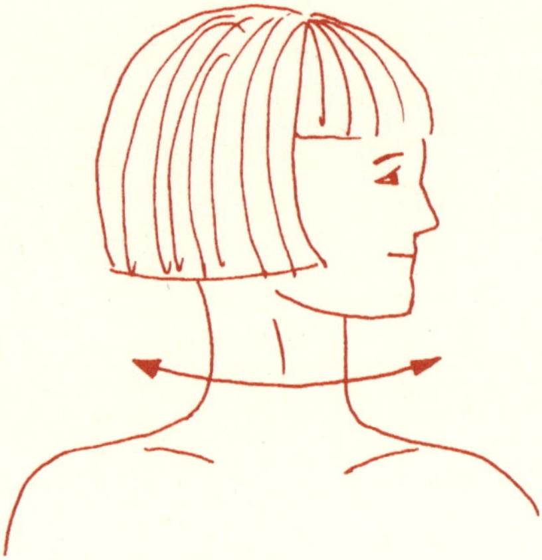

Übung 3

Nicken Sie langsam wie zustimmend mit dem Kopf. Fühlen Sie, wie die Halsmuskeln gestreckt werden. Schütteln Sie sanft wie ablehnend den Kopf. Betonen Sie dabei das Strecken der Halsmuskeln. Auch hierbei können Sie den Fersenkontaktpunkt einsetzen.

Übung 4

Nicken Sie langsam wie zustimmend mit dem Kopf und spüren Sie, wie die Fersenkontaktpunkte gegen den Boden federn. Sie können es auch umgekehrt machen: Drücken Sie die Fersen in den Boden und fühlen Sie, dass Sie zustimmend nicken. Die Stirn ist durch die Muskelkette mit den Füßen verbunden.

Das Gesicht

Frau Professor Anne Seidel wurde bereits 1958 für ihre »grimassenfreie Gesichtsgymnastik« ausgezeichnet. Es ist nicht zweckmäßig, das Gesicht mit Hilfe seltsamer Grimassen zu trainieren, sondern die Muskeln zu aktiveren, ohne Falten hervorzurufen, zum Beispiel indem man bei Stirnübungen die Betonung darauf legt, die Falten glatt zu streichen.

Alle Übungen haben eine positive Wirkung auf das Gesicht. Anne Seidel hat entdeckt, dass auch die Gesichtsmuskeln hängen, wenn die Körpermuskulatur schlaff hängt. Also ist eine gute Körperhaltung wichtig, um auch das Gesicht in Form zu halten. Erspüren Sie einmal den Unterschied im Gesicht, wenn Ihre Schultern nach vorne hängen und wenn Sie mit zurückgenommenen Schultern aufrecht sitzen. Immer mehr Frauen lassen sich liften, aber wenn sie nicht auf die Körperhaltung achten, hat ein Facelifting keine bleibende Wirkung.

Wenn Sie zusätzlich etwas für Ihr Gesicht tun wollen, dann können Sie die Gesichtsmuskeln genauso trainieren wie Ihre Oberschenkel- oder Bauchmuskeln. Darüber hinaus sind die Übungen auch gut für die Durchblutung der Gesichtshaut.

Achten Sie bei den Übungen darauf, dass Sie das Kinn nicht hochziehen, weil dann die Haut am Hals und der darunter liegende Platysmamuskel gedehnt werden und unnötig erschlaffen. Die Kopfhaltung ist von großer Wichtigkeit. Strecken Sie den Hals, bevor Sie mit einer Übung beginnen, und lassen Sie die Bewegung dann etwas zurückfließen.

Bei jeder Gesichtsübung heben sich die Seiten des Gesichts, während sich die Mitte bis zur Nasenspitze nach unten neigt, so dass eine Herzform entsteht.

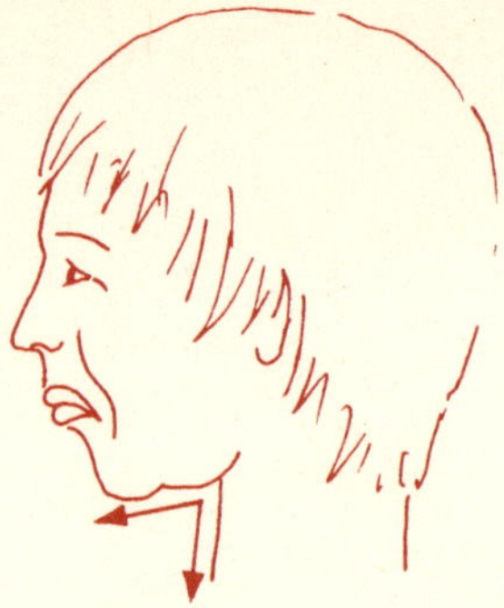

Erschlaffte/schlaffe Gesichtsmuskeln; gebeugter Kopf

Kinn zu hoch: erschlaffte Gesichtsmuskeln und verkrampfte Halsmuskeln

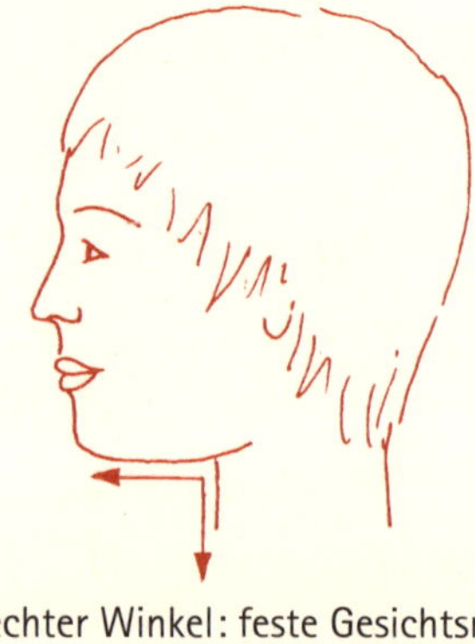

Rechter Winkel: feste Gesichtsmuskeln

Übung 1

Setzen Sie sich richtig hin. Drücken Sie die Kontaktpunkte der Füße gegen den Boden. Dies wirkt sich sofort spürbar auf die Gesichtsmuskeln aus. Vielleicht fühlen Sie den Unterschied in Ihrem Gesicht, wenn Sie die Kontakt-

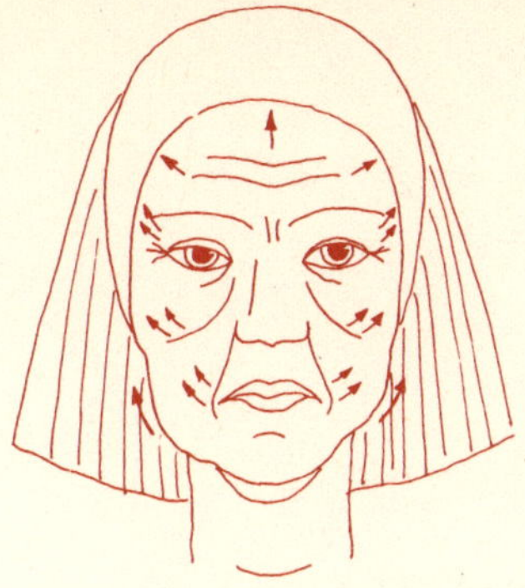

Erschlafftes Gesicht voller Falten

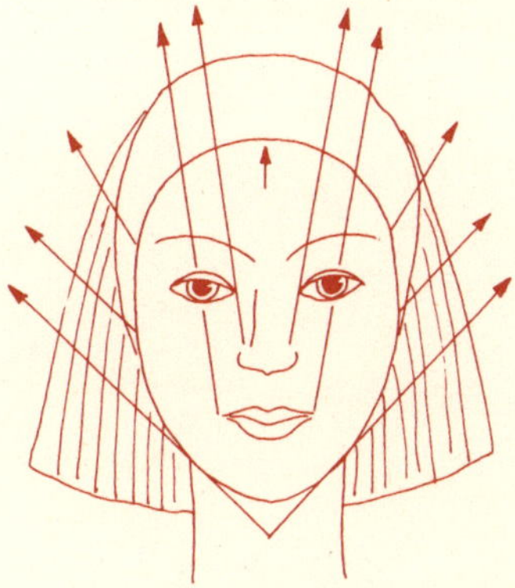

Übung, damit Ihr Gesicht nicht erschlafft

Das schöne Ergebnis

punkte gegen den Boden drücken oder wenn Sie zusammengesunken sitzen.

Übung 2

Setzen Sie sich abwechselnd auf die Sitzbeine und hinter die Sitzbeine. Spüren Sie, wie sich das auf Ihr Gesicht auswirkt.

Der Mundboden

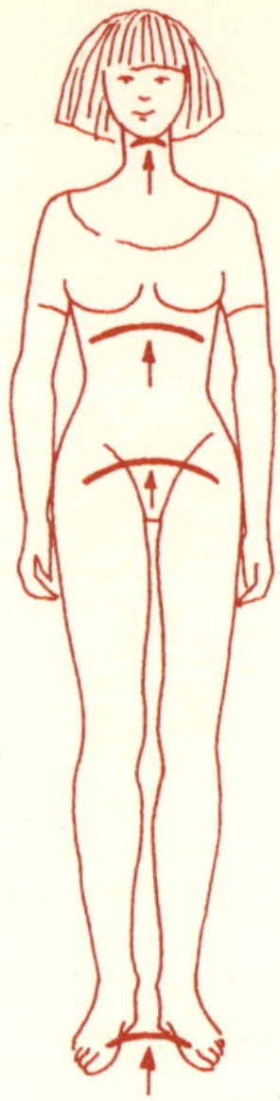

Ein fester Mundboden ist wichtig, wenn Sie einem Doppelkinn vorbeugen wollen. Übungen zur Festigung des Beckenbodens wirken sich auch positiv auf den Mundboden aus. Das gilt übrigens ebenfalls für Übungen, die Sie mit dem großen Fußgewölbe machen.

Das Fußgewölbe, der Beckenboden und der Mundboden beeinflussen sich gegenseitig sowohl positiv als auch negativ.

Übung 1

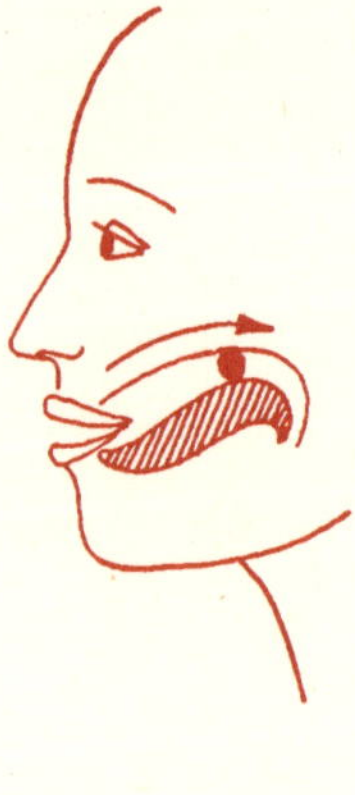

Drücken Sie mit der Zunge ein imaginäres Bonbon gegen den Gaumen. Spüren Sie, was mit Ihrem Gesicht, besonders mit dem Mundboden, und unter Ihrem Kinn passiert. Fühlen Sie es mit den Fingerspitzen.

Übung 2

Die Übung 1 können Sie auch mit den Füßen ausführen.
Ziehen Sie das Fußgewölbe hoch, und entdecken Sie, dass sich der Beckenboden anspannt und die Zunge den Mundboden mit hochnimmt. Wenn Sie gleichzeitig ausatmen, dann schiebt sich auch Ihr Zwerchfell mit nach oben.

Der Mund

Mit zunehmendem Alter bekommen Sie immer mehr Fältchen um den Mund. Die können Sie auffüllen lassen oder Sie können ein paar simple Übungen dagegen machen. Wenn Sie dazu neigen, die Lippen aufeinanderzupressen, dann verstärken Sie die Falten. Viele Menschen tun das, ohne es zu merken. Vor allem bei den Gesichtsübungen ist es wichtig, dass Sie sich bewusst machen, was sie tun. Erst dann können Sie eine unbewusste Gewohnheit verändern.

Beobachten Sie einmal im Spiegel, ob Sie die Gewohnheit haben, die Mundwinkel hängen zu lassen. Wenn das der Fall ist, erscheinen Sie anderen Menschen vielleicht unzufrieden oder traurig. Ihre Augen und Ihr Mund sprechen eine deutliche Körpersprache. Achten Sie bei allen Übungen darauf, die Lippen nicht aufeinanderzupressen.

richtig

falsch

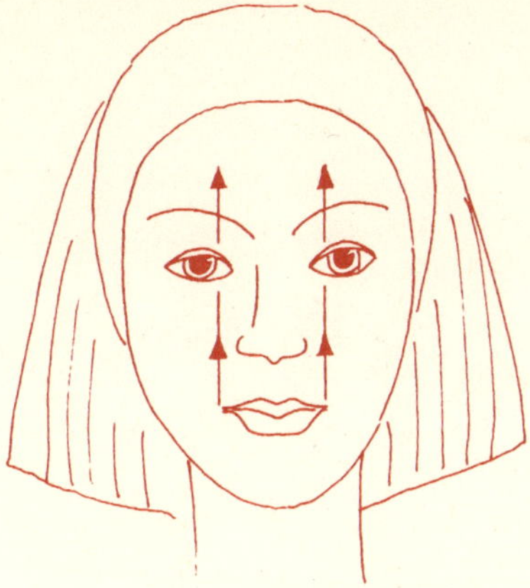

Übung 1

Setzen Sie sich richtig hin. Befestigen Sie einen imaginären Faden an Ihrem rechten Mundwinkel. Ziehen Sie den Faden nach oben zur Augenbraue. Sie fühlen, wie der Mundwinkel sich hebt. Lassen Sie den Faden wieder los. Machen Sie die Übung auch vor dem Spiegel und beobachten Sie, was passiert. Machen Sie die Übung auch für die linke Gesichtshälfte.

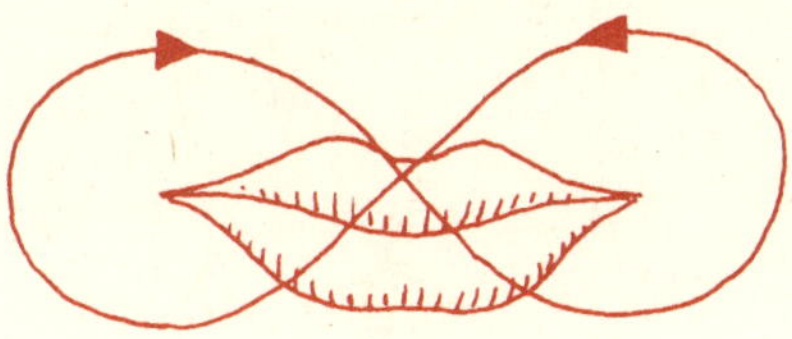

Übung 2

Zeichnen Sie in Gedanken eine Acht um Ihren Mund. Beim rechten Mundwinkel gehen Sie nach oben. Betonen Sie, dass der Außenwinkel nach oben geht. In der Mitte gehen Sie nach unten, beim linken Mundwinkel wieder nach oben, in der Mitte wieder nach unten.

Übung 3

Öffnen Sie die Lippen ein wenig. Versuchen Sie, die Oberlippe breit zu denken. Helfen Sie sich anfangs, indem Sie ganz sanft die Haut zwischen Nase und Oberlippe mit den Fingern zur Seite streichen.

Übung 4

Öffnen Sie die Lippen ein wenig. Legen Sie die Mittelfinger leicht auf die Nasenflügel. Schieben Sie mit den Nasenflügeln die Finger nach außen.

Die Wangen

Um die Wangen straff zu erhalten, werden Sie Übungen machen und auf Ihre Haltung achten müssen. Setzen Sie sich dafür auf Ihre Sitzbeine und halten Sie die Schultern seitlich.
Professor Seidel sagte einmal im Spaß, wir hätten drei Paar Wangen. Sie meinte damit die Wangen, die Brüste und die Gesäßbacken. Sie alle beeinflussen sich gegenseitig positiv und negativ.
Außerdem lehrte sie uns, von innen heraus zu lächeln. Versuchen Sie einmal, mit den Innenseiten der Wangen von innen heraus zu lächeln. Spüren Sie, wie sich das auf Ihr Gesicht auswirkt.

Übung 1

Setzen Sie sich richtig hin.
Zeichnen Sie mit dem Mittelfinger, ohne die Haut zu berühren, einen Kreis auf die rechte Wange. Betonen Sie das Hochgehen beim Ohr. Spüren Sie, wie die Durchblutung der Haut angeregt wird. Machen Sie diese Übung auch für die linke Gesichtshälfte.

Übung 2

Zeichnen Sie in Gedanken um beide Wangen eine Acht. Gehen Sie an den Außenseiten nach oben und in der Mitte bei der Nase nach unten.

Übung 3

Zeichnen Sie in Gedanken eine V-Form.

Die Form beginnt an der Kinnspitze und nimmt die Mundwinkel, die Wangen und die Augenwinkel mit hoch. Begleiten Sie die Übung mit den Händen. Sie ziehen gewissermaßen die Wangen nach oben. Berühren Sie die Haut dabei aber nicht.

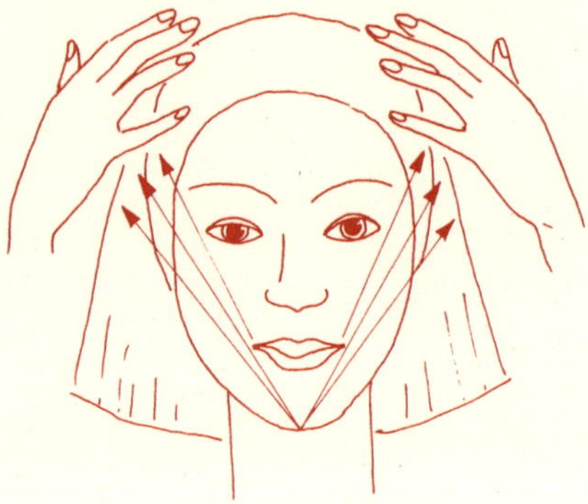

Die Augen

Anne Seidel lehrte uns, breit zu sehen und buchstäblich unser Gesichtsfeld zu erweitern. Während der Übungen schließen wir die Augen nicht, sondern halten Kontakt mit der Außenwelt.
Versuchen Sie einmal zu spüren, dass alle Muskeln in Ihrem Körper ein wenig erschlaffen, wenn Sie die Augen schließen.
Wenn Sie aus Gewohnheit die Augen zusammenkneifen, wirkt sich dies negativ auf Ihr ganzes Gesicht aus. Es verstärkt die Falten um Ihre Augen und auf der Stirn.

Übung 1

Setzen Sie sich richtig hin.
Bilden Sie mit den Händen Scheuklappen und ziehen Sie dann gegen einen leichten imaginären Widerstand die Hände nach außen, damit Sie allmählich immer breiter schauen. Spüren Sie, wie die Schläfen glatter und die Augen größer werden.

Übung 2

Legen Sie Ihre Zeigefinger ganz sanft auf die äußeren Augenwinkel. Schieben Sie mit den Augenmuskeln ganz sanft die Zeigefinger zur Seite.

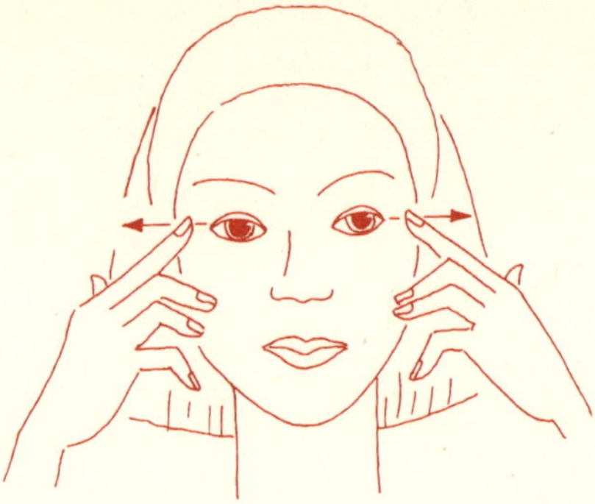

Übung 3

Öffnen Sie die Augen so weit wie möglich, ohne die Stirn in Falten zu ziehen. Fühlen Sie, wie Sie mit dieser Übung sogar die Ohren zur Seite ziehen. Lassen Sie die Bewegung zurückfließen.

Übung 4

Zeichnen Sie in Gedanken eine Acht um beide Augen. Betonen Sie, dass es bei den Augenwinkeln nach oben geht, und in der Mitte bei der Nase nach unten. Setzen Sie die Übung flüssig fort.

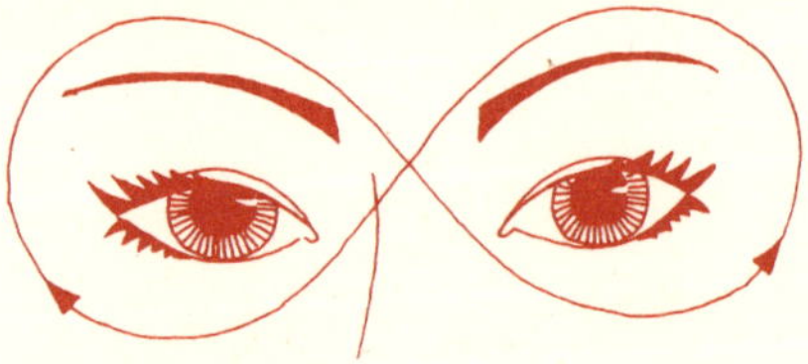

Die Stirn

In der Ismakogie nicken wir mit der Stirn. Es ist ein großer Unterschied, ob man mit dem Kinn nickt oder die Stirn neigt. Das hängt mit der Kopfhaltung und einem langen Hals zusammen.
Ziehen Sie nicht unnötig die Augenbrauen hoch, so können Sie horizontalen Falten vorbeugen. Horizontale und vertikale Falten streichen wir mit Übungen glatt.

Übung 1

Setzen Sie in Gedanken einen Hut mit breiter Krempe auf und neigen Sie vornehm die Stirn. Spüren Sie, dass Ihr ganzer Körper an dieser Übung teilnimmt.

Übung 2

Streichen Sie mit Daumen und Zeigefinger die Stirn breit und glatt.
Streichen Sie sanft mit den Fingern die Stirn entlang und denken Sie Ihre Stirn breit.

Die Ohren

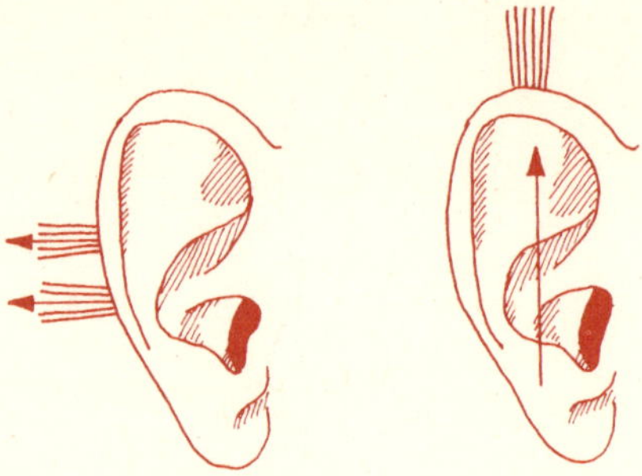

Mit den Muskeln, die sich rund um die Ohren befinden, lassen sich die Ohren nach oben, hinten und vorne ziehen. Diese Muskeln sind nur bei wenigen Menschen aktiv, einige können jedoch ihre Ohren bewegen.
Es ist nicht so, dass Sie Ihre Ohren hängen lassen können, aber Sie können sie sehr wohl spitzen und das beeinflusst Ihre Wangen, Augen und den vorderen Halsmuskel.

Übung 1

Setzen Sie sich richtig hin.
Halten Sie die rechte Hand mit der Handfläche nahe an das rechte Ohr. Strecken Sie die Hand nach oben, und spitzen Sie gleichzeitig das Ohr. Halten Sie den Kopf gerade und denken Sie an einen langen Hals.
Die rechte Gesichtsseite wird gewissermaßen »geliftet«, weil sich Ihre Wangenmuskulatur mit nach oben schiebt. Die Kontaktpunkte des rechten Fußes drücken zum Ausgleich gegen den Boden.
Üben Sie jetzt einige Male auf der linken Seite, danach mit beiden Ohren zugleich.

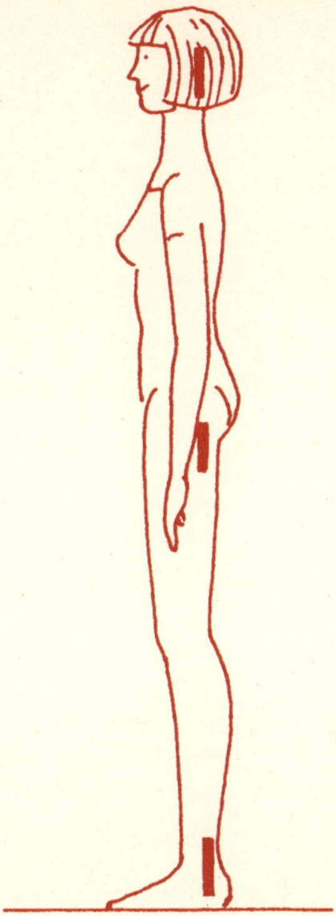

Übung 2

Beginnen Sie diese Übung mit dem rechten Fuß. Drücken Sie den rechten Fuß nach unten und denken und ziehen Sie das rechte Ohr nach oben.
Jetzt die linke Seite, dann beide Seiten gleichzeitig.

Übung 3

Führen Sie die Übungen 1 und 2 im Stehen aus.
Ziehen Sie abwechselnd Ihr Ohr nach oben und drücken Sie das Fußgelenk außen nach unten. Fühlen Sie, wie die Muskelkette von oben nach unten und von unten nach oben an den Seiten des Körpers verläuft.

Der Kopf

Die Beweglichkeit der Kopfhaut ist wichtig für die Durchblutung und fördert den Haarwuchs. Bei drückenden Kopfschmerzen können Sie ihre Beweglichkeit stimulieren, um die Durchblutung zu erhöhen.
Schädel- und Stirnmuskulatur gehen ineinander über, so dass sie sich gegenseitig beeinflussen.

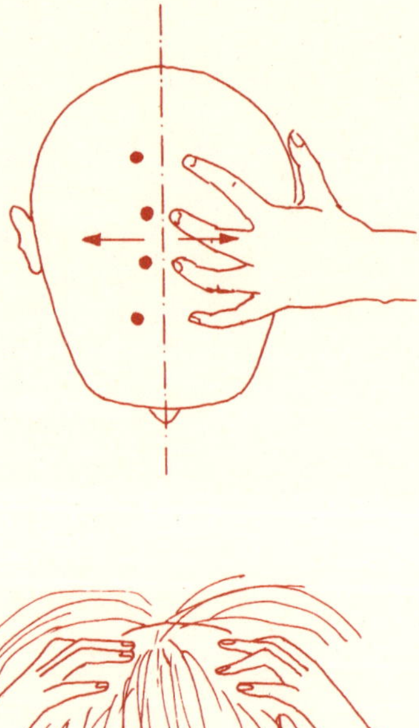

Übung 1

Legen Sie Ihre Finger oben auf den Kopf und bewegen Sie die Kopfhaut hin und her, hoch und runter.

Übung 2

Schieben Sie Ihre gespreizten Finger in die Haare, schließen Sie die Finger und ziehen Sie sanft an den Haaren, so dass die Haare mehr Luft bekommen und die Durchblutung der Haarbälge angeregt wird.

6 Schlusswort

Wir beide haben der Ismakogie viel zu verdanken, und in unseren Kursen sehen wir, wie sich Menschen verändern, Freude an ihrem Körper finden und schöner werden.

Wir möchten gerne erreichen, dass noch mehr Menschen diese einzigartige Bewegungsform kennenlernen, und haben dieses Buch als ersten Einstieg dafür geschrieben.

Ismakogie lässt sich nur schwer in Worte fassen. Deshalb hat Professor Anne Seidel auch selbst nie ein Buch geschrieben. Der vorliegende Text sollte Sie deshalb erst einmal ermuntern, sich selbst mit Ismakogie zu beschäftigen.

Wenn Sie nun entdeckt haben, dass Ismakogie die Möglichkeit bietet, bis ins hohe Alter geistig und körperlich aktiv zu bleiben, ohne Ihren Körper zu überfordern, und mehr »spüren« wollen, finden Sie weitere Informationen und hilfreiche Adressen im Anhang.

Anhang

Erfahrungen von Kursteilnehmerinnen

Ursula, Deutschland

»Ich wollte mich bewegen. Durch Zufall kam ich zur Ismakogie. Das war etwas Neues und schien mir gut geeignet. Als ich mit dem Kurs anfing, stand ich wegen einer Gebärmuttersenkung auf der Warteliste für eine Operation.
Ich erfuhr, wie wichtig eine gute Haltung für den Beckenboden und die Ringmuskeln ist. Ich lernte Übungen, die ich jeden Abend im Bett machte. Dann bestellte mich der Gynäkologe zu sich. Er untersuchte mich und fragte plötzlich: ›Was haben Sie gemacht?‹, denn ich hatte keine Senkung mehr. Er kannte Ismakogie nicht, aber nachdem ich ihm davon erzählt hatte, sollte ich vor allem weitermachen, und das mache ich auch.«

Anne, Niederlande

»Ich habe immer viel Sport getrieben. Ich bin gelaufen, habe Volleyball gespielt und Gymnastik gemacht. Nach einer Verletzung ging das alles nicht mehr. Trotzdem wollte ich etwas für meine Kondition tun und entdeckte die Ismakogie für mich.
Ich war sehr erstaunt darüber, dass man einfach auf einem Stuhl sitzen und alle Muskeln bewegen kann. Ich habe nicht gewusst, dass man mit seinem Körper so viel machen kann und dass alles miteinander zusammenhängt. Ich hoffe, dass ich wieder Volleyball spielen kann, aber ich spüre jetzt genauer, was ich meinem Körper alles zumuten kann und worauf ich achten muss.«

Sara, Niederlande

»Gesichtsübungen wollte ich machen. Ich wusste aber nicht, dass der Gesichtsausdruck so viel mit der Körperhaltung zu tun hat. Beim Sitzen hingen meine Schultern nach vorne. Jetzt spüre ich, dass man das an meinem Gesicht sieht. Ich mache nun meine Gesichtsübungen, habe aber inzwischen auch ein schönes Dekolleté. Außerdem habe ich herrliche Oberschenkel- und Bauchübungen gelernt, und ich fühle, dass sie bis in mein Gesicht wirken.«

José, Niederlande
»Ich habe extra noch angerufen und gefragt, ob ich für den Kurs nicht zu alt bin. Aber das war kein Problem. Schon in der ersten Stunde lernte ich, mit den Oberschenkeln zu gehen. Ich merkte, dass ich geschlurft bin und meine Füße beim Gehen kaum hochgenommen hatte. Ich hielt das für normal in meinem Alter. Jetzt laufe ich wieder wie ein Wiesel. Ich spüre außerdem etwas anderes: dass man auch in meinem Alter noch so viel entdecken kann. Ich hoffe, noch lange an den Kursen teilnehmen zu können.«

Alie, Niederlande
»Ich habe durch Ismakogie auf angenehme Weise gelernt, mich effizient zu bewegen und meinen Körper dabei so wenig wie möglich zu belasten. Langes Warten in einem Geschäft, Treppensteigen, Radfahren etc., damit habe ich jetzt keine Schwierigkeiten mehr. Vor kurzem war ich drei Stunden lang im Zug unterwegs und normalerweise wären meine Muskeln und Gelenke danach steif gewesen. Aber unterwegs habe ich unauffällig einige Ismakogie-Übungen gemacht, und so fühlte ich mich bei der Ankunft noch genauso geschmeidig wie bei der Abfahrt.«

Nicole, Belgien
»Ich litt unter einem Schleudertrauma und gequetschten Halswirbeln. Ich hatte große Schmerzen und konnte meinen Kopf und meine Schultern kaum bewegen.
Als von meiner Krankenkasse ein Ismakogie-Kurs angeboten wurde, begann damit eine große Veränderung für mich. Ich betrachte manchmal Fotos von mir, die ein paar Jahre alt sind, und neue. Der Unterschied ist nicht zu glauben. Durch die Physiotherapie, die ich immer noch bekomme, und die behutsamen Übungen der Ismakogie habe ich fast keine Beschwerden mehr. Ich habe gelernt, meine Muskeln anders einzusetzen, so dass ich nicht alles mit meinem Hals und den Schultern mache. Jetzt habe ich durchaus Hoffnung, durch das Strecken der Wirbelsäule die Blockade im Nacken zum großen Teil aufzulösen.
Durch die verbesserte Körperhaltung komme ich jetzt fast ohne Schuheinlagen aus. Die Einlagen linderten zwar die Nackenbeschwerden, hatten aber den Nachteil, dass meine Hüfte (besonders die linke Seite) unbeweglicher wurde. Dadurch konnte ich meinen Oberschenkel nicht mehr richtig nach außen drehen. Schwimmen konnte ich nur mit einem eigenartigen Beinschlag (parallel) anstelle des ursprünglich gelernten.
Durch die verbesserte Durchblutung und Atmung ist meine Gesichtshaut schöner geworden und ich selbst bin ruhiger geworden. Mein Herz schlägt 20-mal pro Minute weniger. Ich habe

eine enorme innere Ruhe gefunden, weil es mir körperlich, aber auch seelisch viel besser geht. Das strahle ich offensichtlich auch aus, denn ich fühle mich nie allein. Auf langen Reisen, die ich unternehme, werde ich oft angesprochen, was früher nicht der Fall war.
Ich bin so zufrieden mit der Ismakogie, dass ich nun selbst an einer Kursleiterausbildung teilnehme und hoffe, anderen Menschen genauso helfen zu können, wie mir geholfen wurde.«

Die Biografie von Anne Seidel

Anne Seidel ist die Begründerin der Ismakogie. Sie wurde am 14. Oktober 1900 in Wien geboren.
1949 eröffnete sie ein eigenes Kosmetikinstitut.
Sie beschäftigte sich intensiv mit Parfümerie- und Toilettenartikeln und erhielt 1953 die Befugnis, Kosmetika herzustellen, was sie bis ins hohe Alter tat. Außerdem studierte sie Anatomie und Physiologie an den Universitäten von Wien und Innsbruck. Anne Seidel unterschied sich von den übrigen Studenten durch ihre kritischen Fragen und den Drang, alles wissen zu wollen. Von jedem Muskel, auch dem Allerkleinsten, wollte sie die Arbeitsweise kennen und über das Zusammenspiel mit den anderen Muskeln Bescheid wissen. Allmählich wurde ihr der seltsame Zusammenhang zwischen den mimischen Muskeln des Gesichts und der Skelettmuskulatur an den übrigen Stellen des Körpers deutlich.
1958 wurde Anne Seidel in Venedig mit dem internationalen Prix de Mérite der Cidesco für die von ihr entwickelte »grimassenfreie Gesichtsgymnastik« ausgezeichnet. In diesem Jahr hielt sie auch ihren ersten Ismakogie-Kurs in Oosterbeek.
Danach war sie regelmäßig in den Niederlanden, um die Ismakogie weiter bekannt zu machen

1963 gründete sie in Wien die »Schule für Schönheitspflege, Massage und innerkörperliche Muskelaktivität in der Kosmetik«. Einige Jahre später erhielt diese Lehre endgültig den Namen »Ismakogie«.
In den 70er und 80er Jahren entwickelte Anne Seidel ihre Methode weiter, indem sie einerseits weiterhin Seminare an der Universität besuchte und andererseits durch Beobachtung praktische Erfahrungen sammelte. Sie erfand unendlich viele Übungsvarianten, um eine bestimmte Beschwerde durch Bewegung zu lindern.
Anne Seidels größte Entdeckung hinsichtlich der Ismakogie ist die Beziehung zwischen der Muskelspannung des Gesichts und dem Stand und dem Einsatz der Füße.
Die Lehrtätigkeit von Anne Seidel erstreckte sich auf den Schulbereich und die Erwachsenenbildung. Sie hielt Vorträge, Kurse und Seminare im In- und Ausland. Außerdem bildete sie Lehrerinnen und Lehrer für Ismakogie aus, die ihre Lehre weitertragen.
Der österreichische Bundespräsident verlieh ihr für ihre Verdienste 1976 den Professorentitel und 1984 das österreichische Ehrenkreuz für Wissenschaft und Kunst. Bis zu ihrem 87. Lebensjahr unterrichtete sie im In- und Ausland.
Am 22. Januar 1997 starb Professor Anne Seidel in Wien.

Literatur

Die Literatur über Ismakogie ist spärlich, die meisten Titel sind vergriffen und nur antiquarisch erhältlich. Lieferbar 2009/2010 sind nebst dem hier vorliegenden Buch:

Elly Hoekstra / Doke van der Neer:
Der aktive Beckenboden. Die Spannkraft erhalten, wiederherstellen und fördern – mit sanften Übungen zu mehr Lebensfreude im Alltag.
3. Auflage. Oesch Verlag, Zürich.
ISBN 978-3-0350-5061-5
Beschränkt lieferbar.
dies.: **Heile deinen Rücken.** Sanftes Training, leicht und locker: Schmerz verhindern und lindern – Gelenkigkeit, Stabilität fördern.
2. Auflage. Oesch Verlag, Zürich.
ISBN 978-3-0350-5076-9
Derzeit vergriffen! Neuauflage in Vorbereitung (Frühjahr 2011).

Im Buchhandel oder direkt vom Verlag erhältlich. Lieferung gegen Rechnung ab Lager.
D: Brockhaus Comm.,
Stuttgart-Kornwestheim;
A: MohrMorawa, Wien;
CH: AVA/Baumgartner,
Affoltern a. A.

E-Mail:
order@oeschverlag.ch
www.oeschverlag.ch

Ausschließlich bei der Autorin ist erhältlich:
Dr. med. Martha Podleschak:
Ismakogie. Schön, geschmeidig, lebensfroh durch Befreiung von Haltungsschäden. 7. Auflage.
Adresse siehe S. 126

Nützliche Adressen

Allgemeine Informationen, Vereinigungen, Kurse, Aus- und Weiterbildung

Gesellschaft zur Förderung
der Anne Seidel Ismakogie
Sekretariat: Frau Waltraut Kaggl
Franz Koci-Straße 5/9/16
A-1100 Wien
Tel. +43 (1) 688 94 74
E-Mail: ismakogie@gmx.at
Grosses Kursangebot für
Österreich. Zu finden unter:
www.ismakogie-anneseidel.at

Ismakogie-Schulungszentrum
Gerda Johanning
Parkstraße 12
D-64289 Darmstadt
Tel. +49 (0) 6151 / 715687
E-Mail: info@ismakogie-schulungs-zentrum.de
www.ismakogie-schulungszentrum.deE-Mail:
info@ismakogie-schulungszentrum.de
www.ismakogie-schulungszentrum.de

De Nederlandse Anne Seidel
Ismakogie Vereniging
Secretariaat
Aldrinstraat 17
NL-5175 XA Loon op Zand
Tel. +31 (0) 416 / 362689
E-Mail: info@ismakogie.nl
www.ismakogie.nl

Elly Hoekstra
van Ribeekstraat 36
NL-7535 ZK Enschede
Tel. +31 53 / 4325793
E-Mail: elly@ellyhoekstra.com
www.ellyhoekstra.com

Doke van der Neer
Boerhaavelaan 79,
NL-7002 HV Doetinchem
Tel. +31 314 / 341514
E-Mail: dokevanderneer@live.nl

Überblick über private Seminar- und Kursangebote:

Deutschland

Ismakogie-Schulungszentrum
Gerda Johanning
Parkstraße 12
D-64289 Darmstadt
Tel. +49 (0) 6151 / 715687
E-Mail:
info@ismakogie-schulungszentrum.de
www.ismakogie-schulungszentrum.de

Rosemarie Bott
Dipl. Ismakogie-Lehrerin
In den Rödern 30
D-64354 Reinheim
Tel. +49 (0) 6162-1677
E-Mail:
rosemarie.bott@gmx.de

Agnes Brügger
Friedrichstr. 2
D-48599 Gronau-Epe
Tel. +49 (0) 2565 3549
Fax: +49 (0) 2565 402 833

Christiane Röttger
Zertifizierte Ismakogie-Lehrerin
Akazienweg 11
D-64521 Groß-Gerau
Tel. +49 (0) 6152 / 55 416
E-Mail:
c_roettger@web.de

Ingeborg Zink
Haltung & Bewegung
Iglinger Strasse 31 b
D-86899 Landsberg
Tel. +49 (0) 8191 320 17 22

Österreich

Dr. Karin Anzinger
Biberweg 24
A-4030 Linz
info@karin-anzinger.at
Tel. +43 (0) 699/199 277 73

Sigismunde Manauschek
Ort und Zeit auf Anfrage
A-1120 Wien
Tel. +43 (0) 664 260 37 00

Renate Patzalt
A-3400 Klosterneuburg
Tel. +43 (0) 664 52 75 725

Dr. med. Martha Podleschak
A-5350 Strobel, Eschenhof 340
Tel. +43 (0) 61377401

Viele Volkshochschulen, Kneipp-vereine in Österreich bieten ISMAKOGIE-Kurse an. Sie sind abrufbar unter
www.ismakogie-anneseidel.at

Italien

Judith Sedlacek
Centro Joy
Via Rosa Govona 2
I-00152 Rom
Tel. +39 06 534 61 38
E-Mail:
judith.sedlacek@fastwebnet.it

Schweiz

Ingrid Byland
Breitenackerstr. 5
CH-5415 Nussbaumen b. Baden
Tel. und Fax: +41 (0) 56 / 282 06 73

Christine Schwerzmann-Leibundgut
Waldeggstrasse 12
CH-3800 Interlaken
Tel. +41 (0) 33 822 94 34

Elisabeth Stotzer-Schmucki
Ostring 38
CH-3006 Bern
Tel. +41 (0) 31 351 09 03

Dr. Martin Stotzer
Ostring 38
CH-3006 Bern
Tel. +41 (0) 31 351 09 03

Margit Wüst
Schlösslistrasse 19
CH-8044 Zürich
Tel. +41 (0) 44 363 76 33

Wir sind Ihnen dankbar, wenn Sie uns Adressänderungen, Neueröffnungen etc. mitteilen, damit die Angaben bei Neuauflagen berück-sichtigt werden können. Meldungen bitte an: info@oeschverlag.ch
Aktueller Stand: Februar 2010

Über die Autorinnen

Elly Hoekstra wurde 1950 geboren. Nach ihrer Schulzeit arbeitete sie unter anderem in einem Hotel in England und als Reiseleiterin in Österreich, war Kosmetikerin und Shiatsu-Therapeutin. Als Sekretärin kam sie mit Ismakogie in Berührung. Seit vielen Jahren gibt sie Kurse in den Niederlanden, Deutschland und Belgien. Sie hat an der Kursleiterausbildung mitgewirkt und war Vorsitzende der Niederländischen Anne-Seidel-Ismakogie-Vereinigung.

Doke van der Neer wurde 1945 geboren. Sie hat jahrelang in verschiedenen Krankenhäusern als Krankenschwester gearbeitet. Sie lebte in England, Mikronesien, Trinidad und Nigeria.
Nach ihrer Rückkehr in die Niederlande entdeckte sie die Ismakogie für sich. 1985 begann sie zusammen mit Elly Hoekstra die Ausbildung zur Kursleiterin, die sie 1987 abschloss. Seitdem unterrichtet sie an der Niederländischen Anne-Seidel-Ismakogie-Vereinigung im Rahmen der Kursleiterausbildung.